渡辺てる子の
放浪記
もう悔しくて悲しくて、
怒ってんだ私は!

林 克明／著

同時代社

渡辺てる子の放浪記——もう悔しくて悲しくて、怒ってんだ私は！／目次

第三章　社会の現実　DaiGo差別発言を考える―― 75

渡辺てる子講演録（二〇二一年八月二一日）

はじめに――魂の叫び

二〇二一年七月三日夜、東京都杉並区の高円寺駅。翌日の東京都議会選挙投票を控え、れいわ新選組から出馬した山名かなこの選挙キャンペーンが繰り広げられていた。

駅前集会も終盤にはいり盛り上がりを見せたころ、党代表の山本太郎が「ここで、通りすがりの応援弁士を紹介します。渡辺てる子さんです」と紹介した。彼女がマイクを握ると、ひんやりとした梅雨寒の空気が熱を帯び始めた。

高円寺駅頭に集まってくださるみなさん、こんばんは。れいわ新選組・渡辺てる子と申します。もっと景気のいい話したかったけど、もうね悔しくて悲しくてね、怒ってんだ私は。まだまだみんな我慢しちゃってるじゃない！　もっと怒らなきゃだめでしょ！

なんで我慢してんのみんな？　ノーって言いなさいよ！　我慢して諦め、仕方がないって諦め、こんなダサいことやめようねって言ったのに、まだみんな我慢してるんだね。こんな忍耐要らないんだよ、もう。

日本人は我慢強いって言われてね、お偉い人をいつまでもいつまでも甘やかしてんのね。諦めて終わる。人生をもったいなくしてるよ。みんなもっと自分の価値に気づいて、自分を正しくていねいに扱おうよ。自分で自分をていねいに扱えない人は、自分の周りの人も愛せないからね。みんな自分を軽んじているんです。

私の子ども、ワーキングプアですわ。結婚したとき私に謝ってきた。「お母さんごめんね、結婚したけど子どもを産んだら今の生活維持できないから子ども産めない。お母さんに孫の顔を見せてあげられない、ごめんなさい」って言われた。

情けないわ。別に孫の顔がどうこうじゃないんです。普通の人間としての営みが出来ないことが悔しいんですよ。みんなおかしいと思わないの？　平気なの？　なんでみんな何食わぬ顔をして電車乗ったり歩いたりしてるの？

　この電車といえばさ、中央線、嫌な話だけど、人身事故多いですよね。人身事故っていうのは飛び込み事故のことですよ。みんなが嫌な顔して我慢して仕事に向かっている。その電車を止めて、自分の命を投げ出して、自分の一度しかない人生をエンドにしている。最後のメッセージじゃないの？

　だけど、みんな嫌々会社に通っている時に電車止められて、「また人身事故かぁ、迷惑だな」って言ってるよね。ちょっと言ってるよ、ちょっと思ってるよ。そうやって貧しい者同士が傷つけあって、争いをさせられている。誰が得してる？　金持ちが得してんだよ。そんな奴らにいい思いさせてたまるかよ！

　なんでみんないい人になってそんな人たちに仕《つか》えるの？　飼いならされている家畜になんかなるんじゃないよ。意に沿わない仕事を我慢してやってる、パワハラ、モラハラを受けてやってる。だけど魂まで売らないよね？　たった一つしかない魂だけは。みんなプライドがある。だから今ここにみんな来てくれてるんだよね。そのプライドを明日の一票にこめてくださいよ。あなた方のプライドが社会を変えるんだから！

私たちの山本太郎はね、酔っぱらいの変なおじさんの訳のわからん質問にまで、とことん付き合う者。こんな国政政党の党首って他にいる？　こんな誠実なバカ正直の男、他にいる？　この人を国政に送り込まないでみんなどうするの！　革命だよ、革命を起こさないと。ひとりじゃできないの革命は。そして私は本当に盟友として、本当に尊敬している山名かなこさんと考えは同じなの。

れいわ新選組を通して世の中を変えよう。もうイデオロギーとか主義主張とか、そんな高級なこと言ってらんないの。これやんなきゃ生きてけないからやるの。もう止むにやまれず、もうやんなきゃいけないからだよ。すべてのリスクをかけて、もう退路はないの。

金持ちの一票も私みたいなド庶民の一票も同じ一票なんだ。そこは平等なんだからね。金持ちより庶民の方が人数多いんだから、その人数の多い人が確実に投票すれば、ひっくり返すことができるんですよ。

もうね、こういう政策がいいの悪いのって言ってる段階はおしまい。やるかやらないか、白か黒か。もうそこまでの段階なんですよ。

これまでずっと抑えてきた怒り、悲しさ、叫び、心を絞り出すような魂の演説だ。これは彼女一人ばかりではない。言いたくてもずっと我慢してきた膨大な人々の気持ちを代弁する言葉があふれている。

彼女の激しく直球の演説に心動かされる人々が増えてきている。それは街頭演説を聞く人々の様子を目の当たりにすると実感する。人々の心を熱くする渡辺てる子とは、いったい何者なのか。

二年前の二〇一九年七月の参議院選挙で、結成したばかりのれいわ新選組から立候補し、にわかに注目を浴びるようになったものの、結果は落選だった。

彼女の人生は波乱万丈である。二〇歳《ハタチ》のときの駆け落ち、大学中退、ホームレスで二人の子を出産、五年の放浪生活を終えて故郷への帰還を果たした。ようやくホームレスの生活を終え、駆け落ちの相手すなわち子どもたちの父親も就職して働き始めた。これで普通の生活ができるかと思いきや、まもなく夫が失踪してシングルマザーの生活を歩まざるをえなかった。

二人の幼子を抱えて、スーパーのバイト、給食調理、生命保険の営業、飲料の販売、印刷所のバイト、そして四二歳になる直前に派遣労働者になった。しかし約一七年間勤めた職場で一方的に雇い止め……。

このような経験をした人が参議院選挙に出馬したのである。そして二〇二一年の秋、二年前と同じく、れいわ新選組から衆議院選挙に立候補しようと、六二歳で立ち上がったのだ。現代日本における渡辺てる子の存在意義とは何だろう。そして彼女は何をしようとしているのか。

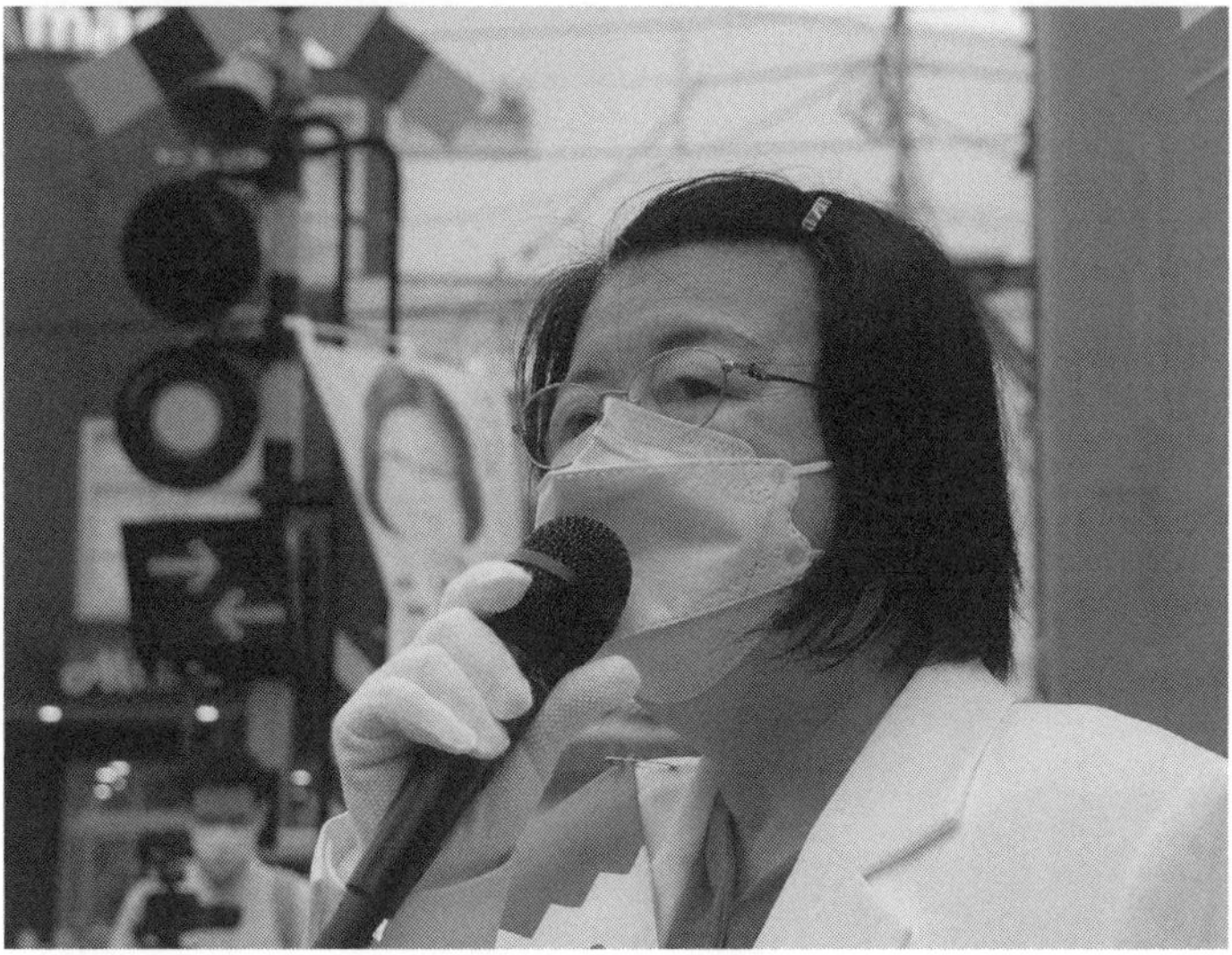

演説する渡辺てる子

第一章　ホームレス放浪記

子連れ野宿した頃の私（4）

渡辺照子

自分の腕の中で、小さな寝息をたてている生後間もない子供の、食べ物とオムツのことを考える一方で、いかに子供らとちゃんと死ねるか、その方法を本当に毎日、具体的に考えていた。

家の中でガス心中。眠っている間に死ねるのだから世話がなくていい。苦しまなくて済みそうだし。しかし、その方式を可能とする家そのものがないのだから、まずダメ。

こういうニュースも聞いた。母親が、デパートの屋上のフェンスを乗り越えて、二人の子供と共に飛び降り自殺。一人の子供はおんぶしたとしても、もう一人の子供をどう抱きかかえれば高いフェンスを乗り越えることができるというのだろうか。成功したその人に、きいてみたいものだ。とにかく、私の頭が足りないので二人いっぺんに飛び降りるのはムリだった。

ホームに入ってくる電車に飛び込んでいっきょに、とも思ったが、減速してホームに入ってくるので、三人一緒に、すんなりあの世に行けるのかどうか自信がなかった。それに、私鉄の鉄道員をしていた私の父から、ホームの飛び込み自殺の後片付けほどいやなものはない、とさんざん聞かされたことがあったので、自分の生涯の終りにこんなことで迷惑をかけるのもいやだと思った。それに、バラバラになった死体はやはり醜い。そんな姿になって自分でピリオドを打つのは、私の審美観がまず許さない。

富士の樹海に行って周囲を気にせず、薬でも飲んで命を断つか、とも考えた。しかし、そこに行くまでのルートがわからない。わかったとしても、目的地までの交通費がない。ヒッチハイクで行くとしても、あんな所に行くのだと知れると、誰も乗せてはくれないだろう。

最もオーソドックスに、多量の睡眠薬を飲んで、死んでしまおうかとも思った。しかし、乳呑み児に錠剤をたくさん飲ませること自体むずかしい。それに母子三人の致死量の薬を買うとなると、けっこうお金がかかる。そんなお金があるのなら、一回でもおいしいものを食べさせてあげたい。一着でも余計に、暖かい、かわいい服を着せてあげたい。

とにかく、子供は自分の手では殺したくないのだ。苦しむ姿など見たくない。母子三人、ほとんど同時にスパッときれいに死にたい。それで、あれこれ考えると結局、どれも皆ダメだ。

やっぱり、どんなに辛くとも死ねなくなってしまうのである。

かわいい子供二人と一緒に自分も死のうと意を決する事、目的を遂行する為に、あれこれ画策すること、そんな行為自体、えらくエネルギーのいることだ。

実は、私はまともに、人並みに母子心中する気力さえなかった。

毎日が、ゴールのないあえぎながらマラソンだった。

話は前後するが、一番目の子を妊り、臨月の時に、私は四十キロだか五十キロ、かつてのつれあいと共に歩いたことがある。

いよいよ師走という日の夜、京都の三条河原町にいた。街は普段とは違うにぎわいを見せている。年が変わるだけで何がめでたいというのだろうという私の思惑とは全く別の所で、早くも初参りに出かけようとする晴着姿の若い娘（と言っても私とさして違いのない年頃なのだけれど）の気取った足どり、家路に急ぐサラリーマンのせわしなさ、それらが師走独得の雰囲気をかもし出していた。今日これからの寝ぐらをどうするか、その明け暮れだけの私達にとって最も残酷な日だ。

世間は自分らの幸福の画策に手一杯で、人のことなど知ったことではない。

夜はだんだんふけてゆく。深夜営業の喫茶店にコーヒー一杯でねばるのも、そろそろ限界だ。

野宿に良さそうな所を歩きながら捜し、なんとか一晩しのごうと二人で決め、三条河原町をスタート地点に、西へ向かった。

人気のない国道沿いを、とにかくただ、まっすぐ歩いた。夜更けに殺風景な道路を歩く者など、他に誰もいない。そこを歩いているというだけで、肩身が狭かった。まして私のお腹は大きくふくれている。自転車に乗った警察官に職務質問をされないことを願うだけだった。

夜の冷気はだんだん湿り気を帯び、アスファルトから私の足を通してお腹まで、その鋭さが伝わってくる。裏から冷えるとはこういうことを言うのだ。妊娠の身にとり、体を冷やすということが最もいけない。ただでさえパンパンに張ったお腹が、突っ張って痛くてたまらない。お腹をおさえ、どこでもいいからうずくまりたい。むき出しのアスファルトの上でなければ、どこでもいいから横になりたい。眠たくてたまらないのは言うまでもない。

途中、それこそ何十回も手を上げて走っている車に乗せてもらおうとしたが、一台も止まることはなかった。私には車の中の人は、人間には思えなかった。

てる子の体験記「野宿」第４回

運命の出会い

一九七九年一〇月、大学二年生の渡辺てる子は、新宿御苑に近い小さな書店に立ち寄った。ここは、さまざまな党派や市民団体、労働団体などが発行する機関誌やミニコミ誌、そして味わいの深い稀覯《きこう》本が並べられた知る人ぞ知る書店だ。

リベラルな校風の都立高校に入学以降、社会問題に関心をもち始めた彼女は、大学入学後も三里塚の成田空港反対闘争や狭山差別裁判闘争に興味をもち、集会やシンポジウムに参加していた。全共闘から一〇年経過しているのだから、完全に〝遅れてきた青年〟である。世は、女子大生タレントブームが到来しようとしていた。当時、女子の四年制大学進学率は一二%程度で「女子大生」という言葉自体が一種のブランドでもあった。二年前に現役女子大生の名取裕子が女優として本格デビュー、渡辺てる子より一歳年下の川島なお美がちょうど歌手デビューした年だった。

おしゃれなファッションに身を包んだり、デートしたりして青春を謳歌する同年代の女子大生は少なくない。そんな中で、政治や社会に興味をもち、活動していきたいと思う彼女は完全に少数派だった。

それでも、学内のいくつかのサークルに関わるうちに、自分と共通する興味と価値観をもつ先輩らと知り合い、なんとか自分の居場所を確保した思いだった。

しかし、政治運動や社会運動にも関わり始めたものの、「学生という恵まれた身分で本当の運動ができるのか」と葛藤する毎日を送っていた。全身全霊で立ち向かい社会を変革したいという激しい欲求を心の奥に抱いていたのである。

この書店も活動家の先輩から教えられた。店内には少し年上の男性が、本を手にとり時折、店主と雑談を交わしている。

〈活動家の人かな?〉

そんなことを感じながら、見るともなしにその人が視界に入っていた。この書店に立ち寄る人は、ちょっと変わったカルチャー系の人や活動家、あるいは実際に活動に参加していなくとも運動に興味のある人が多い。

本に囲まれていないと安心できないてる子は、この日も本や雑誌を買って、表に出た。

すると、店内で見かけた男性が駆け寄ってきて

「何の本買ったの？」

と声をかけてきた。これが男性Aとの運命の出会いだった。てる子は、決してナンパされたとは思わなかった。特別な書店で出会ったのだから、何らかの反権力闘争に参加している人かもしれないし、活動仲間の連帯感から声をかけたのだと思った。活動に関わり始めて日の浅いてる子は、活動家の先輩と一人でも多く会って、しっかり話を聞きたいと考えていた。

近くの喫茶店に入り、コーヒー一杯で長いこと話し込んだ。今から振り返ると「あと数日で国際反戦デーだな」と意識に上っていたという。国際反戦デーは一〇月二一日だから、おそらくこの日は、一〇月の一五日は過ぎていたと推測できる。このときAが語った話を、てる子は今でも覚えている。

「三里塚で国家権力の手先となって弾圧している機動隊の人たちも、実は

我々と同じ抑圧されている人民なのだ。機動隊の隊員にならざるをえないこと自体が抑圧の構造なんだ」

彼の言葉にハッとさせられた。機動隊をせん滅すべきだ、などという血気盛んな先輩たちの話を聞かされていたからだ。

奇妙な駆け落ち

初めて会ったのに不思議と話が合い、時間は過ぎていった。Aはちょうど一回り一二歳年上だった。まさに全共闘世代だ。そのAがこんなことを言い始めた。

「私服の刑事に尾行されている。このまま家に帰るとどちらか一方か、あるいは二人とも逮捕されてしまうかもしれない」

唐突であり、冷静に判断すればにわかには信じがたい。だが、知人の家に身を寄せれば住民票の転出転入届を出さなかったと逮捕されたり、運転免許の書き換えに訪れたときに逮捕される……。こんなことは今現在でもある。厳しい政治活動の一端を垣間見始めた二〇歳《ハタチ》の渡辺てる子にとって、リアリティーを感じる話だったのである。

これが、底なし沼の入り口だった。家に帰らず、その日から二人は放浪生活に入った。今ではあまりつかわれない表現だが、これを駆け落ちというのだろうか。たしかに出会った男女が二人で出奔《しゅっぽん》したのだから駆け落ちには違いないかもしれない。だが、奇妙な駆け落ちであった。

Aによれば、警察に追われているのだから「潜行《せんこう》」生活を送らなければならない。どこかにアパートを借りて就職するわけにもいかない。安い宿に泊まったり、親切な人に声をかけられて泊めてもらったりもした。お金もないから、国道沿いに立ちヒッチハイクをする。とくに夜だと座席で眠ることができる。

各地を転々とし、Aに連れられて全国各地の大学自治会を訪ねカンパをもらうこともあった。金がなくなれば、野宿しかない。ところが、寝る場所を確保するのが大変だった。駅や公共の広場は警官から排除されるし、住宅街の駐車場などでは警官はもとより住民パトロールで追い出されてしまう。

橋の下は遠くから見ると目立ってしまうし、川べりの冬はとても寒さが厳しい。高架線下の目立たず落ち着いて眠れそうな場所は、ホームレスの先輩たちが寝場所を確保している。彼らはどこからともなく乾いた段ボールを入手し布団のようにして眠っていた。だが、てる子とAはそんな術を知らず、せいぜい湿った段ボールを手に入れるのが精一杯だった。今振り返っても「乾いた段ボールを手に入れている人たちがうらやましかった」と言う。身体を横たえて野宿するのはむずかしく、たとえば駐車場のタイヤ止めに腰を下ろしてひざを抱えながら眠ったものだった。

食べることも重要だ。見た目はきれいではない食堂が、栄養があっておいしい。都市部ではタクシー運転手たちが利用する店、地方の国道沿いではトラック運転手が立ち寄る店がリーズナブルだ。また、在日韓国人経営の焼肉屋は美味くて安いこと、地方の主要駅の裏側には安い宿が必ずあること……そういうことを潜行生活の中で覚えていった。

働いてお金を稼ぎたい！

そうはいっても、お金はどんどん減っていくし、そうなれば安宿にも泊まれない。あるとき、てる子はAに言った。

「ねえ、こんな状況でも、何か働き口はあるはず。なんとか仕事を見つけて働かない？」

たとえばパチンコ店に夫婦で住み込みで働かせてもらえるところはないか、そんなことも考えていた。いつだったか、〝過激派〟のカップルがパチンコ店に住み込みで働き潜行していたと聞いたような記憶があったからだ。

「何を考えてるんだ！　そんなことすれば足がついて身元がばれてしまう。すぐに警察に捕まるじゃないか！」

Aは激怒した。そうかといって、このまま東京の家に帰れば逮捕され、家族や親せき、大学の仲間にも迷惑をかけてしまう。そんなことはできない。このまま、行くあてもなく、その日その日を生き延びていくしかない。しだいに日付とか時間の感覚も失われていく。

いわゆる「勤める」ことは絶対にできないとAは言っていたが、のちに大阪のドヤ街に流れ着いたときは、日雇い労働には出ていた。ちなみに彼らは沖縄と四国以外の日本全国ほとんどを移動していたが、もっとも長く、何度も滞在していのは大阪のドヤ街である。

ある夜の出来事　ゴールのないマラソン

各地を放浪していくうちに大きな「事件」が起きた。てる子は、望まない妊娠をすることになってしまったのである。放浪の身で金もなく中絶などはとてもできる相談ではなかった。

東京を出て一年あまり過ぎた年の瀬、二人は京都の三条河原町にいた。もうそろそろ出産が近いことはわかっていた。

あわただしく車や人が行き交い、師走独特の雰囲気にあふれていた。深夜営業の喫茶店でコーヒー一杯では何時間も居座ることができず、荷物を引きずりながら夜の街に出た。その年一番という冷え込みである。

とりあえず、西へ向かってゆっくり歩き始めた。Aは、通り過ぎる車を呼び止めようと何度も手を挙げている。しかしいつまでたっても、どの車も止まってくれない。

ひどい寒さで道路から冷気が伝わってくる。それは冷たいというより痛いほどだった。アスファルトの路面から脚をつたわり、お腹まで刺すような冷気がつたわってくる。どこでもいいから体を休めたい。大きな荷物を両手にもって進むAの後ろをとぼとぼと付いていった。

途中で何十回ともなく手を挙げても、ただの一台も止まってくれることはなかった。次から次へと通り過ぎると、自分たち二人と社会は完全に切り離されていると思わざるをえなかった。車に乗せてもらえば、一息つけるのだが……。ときおり歩みを止めて小休止。しかし、厳しい冷気に耐えきれず、再び歩き始める。それでも身体は温まらず、腹部がつっぱり痛みも激しくなった。同時に眠気が増してくる。

てる子の身体と精神の苦痛は、彼女ひとりのものではない。お腹にいる胎児もじっと耐えている。そのことをはっきりとわかっていた。

〈連れ合いが普通に働いてくれさえすれば、こんな目に遭わずに済んだのに……〉

何度思ったかしれない。だが、反権力闘争ゆえに警察から追われる身のAは、それはできないと言う。このままずっと流れていくしかないのか。

とりあえず少しずつ歩いてはいるものの、行くあてはまったくなく、ゴールのないマラソンをずっと続けているかのようだ。苦しくとも、何のために、どこを目指し何をしようとしているかの自覚があれば耐えられるだろう。だが、二一歳で臨月を迎えた渡辺てる子には、それがなかったのだ。

「こんなことなら、本当に誰かに殺してもらいたかった」

彼女は、そう振り返る。

誰か一人くらいは車を止めてくれるだろうとわずかな期待を抱いたが、結局、車は一台も止まってくれなかった。気が付くと標識が大阪に変わり、夜明けには大阪市内に着いてしまった。

新しい生命の誕生

京都から大阪までの長い夜を経て、およそ一週間後くらいだったろうか。キリスト教団体に関係する親切な夫婦の家に一晩泊めてもらえることになった。二人は久しぶりに布団の上で寝ることができ、暖かい手料理もごちそうになった。

実は、てる子はホームレス生活から抜け出しておよそ二年後に、四百字詰め原稿用紙一二〇枚程度に実体験を書き留めている。『野宿』と題してミニコミに連載した貴重な記録だ。本稿は、それを参考にさせてもらい、本人への取材を重ねて付け加えものだ。いずれ、そのオリジナル原稿をもとに、渡辺てる子本人が自らの体験と考察を一冊の書籍にまとめてほしい。その『野宿』から、彼女の人生にとって大きな出来事を記しておこう。

親切な夫婦に泊めてもらった早朝のことだった。目が覚め、トイレに行った。妊婦には助かる西洋式だ。

《大きなガラス玉を抱えるようにお腹をかばい、そっと便座に腰を下ろした。こっちが気張らなくても、何かが勝手に動き出す。私にはすぐさま事態が呑み込めなかった。自分の意志とは全く関わりないものが自分の身体の中で動く感覚は奇妙なものだ。

熱い石の塊のようなものが私の胃を突き上げ、ものすごい勢いで反転して下腹部まで通過した。すでに頭半分が見えている。私はヌルヌルとしたその物体を、あわてて左手で押さえ思わず立った。

その物体の下半分が落ちそうになったので、素早く右手を添えた。日頃ドジな私がこの時ばかりはすんでの所で失敗を犯さずにすんだ。私は、武者震いする両手でその物体を抱き、力なく連れ合いの名を呼んだ……》（『野宿』より）

男の子だった。警察から追われているという活動家男性に付いて放浪生活の沼にはまった挙句の望まない妊娠であり、こんな生活で赤ん坊が生まれたら親子ともども野垂れ死にしてもおかしくない。それでも、彼女にとっては、小さくても心強い相棒だった。

《私のお腹の中で、私と共に苦難に耐え、私を励ましてくれたのは、なんと心強い相棒だろう。固く小さく結んだ桜色の唇、広い額、そして鼻はといえば、あんなに小さくともちゃんとこの世の空気を採り入れ働いている。

この子は私が産んだから私の子か、違う。連れ合いの子か、違う。この子は、何か目に見えない大きな力がもたらした存在なのだ》（『野宿』より）

その後はA、てる子、赤ん坊の三人で放浪を続けることになった。そして二人目の出産は、地方の国道沿いのモーテルだった。一棟ごとに独立している形式は都合がよかった。明け方に陣痛がきたので、いつも衣類を包むのに使っていたゴミ出し用のビニール袋を布団の上に敷き詰めて汚れないようにし、連れ合いのAは風呂場にたくさんお湯を張った。

出産後、腹部を強く下にさすり後産をすませて少し仮眠をとり、一〇時のチェックアウト時にはモーテルを出ていった。

赤ん坊を守ること、親子三人同時に死ぬこと

安宿での宿泊と野宿の生活は、いくら若いとはいえ、てる子にとっては精神と肉体の苦痛の連続だった。まして乳飲み子を抱える身である。その日その日を生き延びるのが精一杯だった。

いまオシッコでぐしょぐしょに濡れている子どもの紙オムツを一枚でも多く手に入れたい。子どもに飲ませる母乳を出すには、彼女が食べ物を口にしていなければいけない。その夜の寝場所を確保しなければならない。それにはどうしたらいいか……。

働きたくても乳飲み子と幼子を抱える身。子どもの父親は訳あって働けず、たまに日雇い労働をするだけ。同じところで長く働くには、住所が必要

だ。仮に採用されても給料の振り込みまでお金はほとんどない。

いかにして乳飲み子のお腹を満たしてやり、オムツを変えてすっきりさせるかで頭が一杯になって、綱渡りのような生活が続いた。

とにもかくにも母乳が出ることは至上課題だった。もし母乳が出ずにミルクとなれば、哺乳瓶、粉ミルク、乳首、その他もろもろの道具が必要になってしまう。しかも、それらの道具を路上生活で清潔に保つのは至難の業だ。おっぱいを飲ませるためにそれ以上お金を使うことができない。それに、移動するには、荷物を増やすわけにはいかないのだ。

母乳さえ出れば自分が食べる食料だけでなんとか事足りる。出産の二ヵ月くらい前から、母乳の出やすい食べ物を意識して食べていたという。

オムツはしかたなく紙おむつを利用。大手スーパーの自社開発紙オムツのほうが大手ブランドメーカーのものより格安で、わずかなお金が入るとすぐに紙オムツを買って大きな旅行鞄に詰め込んだ。紙オムツを入手できたときは、「首の皮一枚でつながった、もう少し生きていける」とほっと一息つけたのである。

母乳だけで過ごせる時期が過ぎると、あとは離乳食をどうするかで頭が一杯になった。古い暖簾《のれん》がかかった食堂に入り、みそ汁の上澄みと具の豆腐のつぶしたものを混ぜ、スプーンで少しずつ与えたりした。

その次の段階になると、煮たジャガイモをつぶし、その次はご飯をつぶしてみそ汁と混ぜて食べさせた。とにかくその店にある料理を工夫して離乳食をつくるしかない。最初はスプーンでほんの少しだけ与えて様子を見、少しずつ増やしていく。もし失敗してお腹でも下したら一大事である。服やオムツを汚してもすぐに洗って乾かせないし、日中は休ませる場所もないのだから。

矛盾するかもしれないが、子どもたちを少しでも快適にすごさせることと同時に、常に死ぬことも意識し続けていた。厳寒《げんかん》の朝、「しまった、また生き延びてしまった」と何度思ったことか。凍死することもできなかった。

死ぬといっても、必ず母子三人が同時に苦しみなく死ななければならない。いつ死んでもいいように、オムツをすっきりさせて子どもだけは一瞬でも心地よくさせてやりたかった。同時に死ぬ方法を具体的に考える毎日だった。

　デパートの屋上フェンスを乗り越えて飛び込んだらどうだろう。しかし、子ども一人なら可能だが二人ではフェンスもよじ登れない。

　ホームに入ってくる電車に飛び込むのはどうか。減速して入ってくるし、三人同時に死ねるか自信がなかった。

　富士の樹海に入ってクスリを飲むことも頭をよぎったが、そこに行くまでのルートがわからないし交通費もない。母子三人が死ねる量のクスリを買うお金もなかった。それに幼子がクスリを呑み込めるかも心配だ。とにかく三人同時でなく誰かが死んだ場合を想像すると恐ろしくて足がすくむ。そういうことに費やすお金があるなら、少しでも子どもに温かい食事とかわいい服を与えてやりたい……。生きることと死ぬことを交互に考えるばかりだった。

　見ず知らずの人たちの親切で生き延びた面もあるが、助けてくれるであろう所で拒絶されたこともあった。連れ合いのAが高熱にうなされどうにもならなかったときのことだ。恋愛に破れた女性が訪れるという有名な寺に、てる子が助けをもとめて電話連絡すると「うちはどんなことがあっても人を泊めることはおへん！」とピシャリと拒絶された。世間で評判がよく、高邁な理想を説いたり、気高い思想やイデオロギーは当てにならない。身をもって実感した。

長距離トラックの運転手「一緒に飯でも食おうや」

働くこともできず、相手のAはまともに働いてくれぬ放浪の日々でも、人の親切を感じることも少なくなかった。

乳飲《ちの》み子を抱える貧しい母親を見た人が、何かあったら連絡してと名刺をくれたり、何も言わずにお札を渡してくれることが何度もあった。

あるときは「どうしても泊めてあげることはできないんだ」と言って、しばらく温かい部屋に居させてくれ、食事も与えてくれた人もいる。

なかでも長距離トラックの運転手たちにはずいぶんと世話になった。各地を移動するときには国道沿いでヒッチハイクしたものだった。長距離トラック運転手たちは、長時間の厳しい労働を続けている。

「俺も腹減ったから一緒にメシでも食おうや」

と、てる子たちに気前よく奢《おご》ってくれた。

あるとき、子だくさんのトラック運転手の家に泊めてもらったことが忘れられない。本当に狭い家で、一つの布団に子どもたちが寄り添って眠っていた。

「疲れて家に帰って、子どもたちの寝顔を見て一杯やるのが楽しみなんだ。ろくなもんないが腹いっぱいメシ食ってくれや」

そうすすめられたが、本当に何もなく、ご飯と漬物とみそ汁だけだった。だけど本当においしかった。てる子にとって印象的だったのは、貧しい親子が突然転がり込んできたのに、運転手の奥さんが嫌な顔一つ見せなかったことだ。

世間は冷たい。だが、親切な人は本当にいる。息子を出産するときに泊めてくれた人、ご飯と漬物を与え泊めてくれた長距離トラック運転手夫妻、何も言わずに札を渡した人、部屋に入れてくれた人……。そして放浪生活を終えられたのも、見も知らぬ他人の親切によるものだった。

下の娘がまだ一歳にならないころ、てる子が娘を抱き、三歳になろうとする息子をAが抱いて歩いていた。ひょんなことから二組がはぐれてしまったのである。中部地方のある田舎町でのことだった。

赤ん坊を抱えて途方に暮れる彼女を見て、近所のおばさんが声をかけてくれた。細かなことは詮索せず、

「これからどうするの？」

こうひと言いった。

「電話を貸してくれませんか。東京の家に電話します」

震える手で、ほぼ五年ぶりに電話をした。すると受話器を取ったのは父親で、あきらかに動揺しているようすが伝わってくる。すぐに母親にかわり

「申し訳ないけど、その方にお金をお借りして電車で帰ってらっしゃい」

電話での会話を聞きながら、かたわらでおばさんが「お金貸してあげるから家に帰りなさい」と言ってくれた。

明け方、おばさんの夫の車で、てる子と娘は最寄りの新幹線の駅まで送ってもらい、新幹線代と弁当代を渡された。親切な夫婦の住所と電話番号を書いた紙切れを大切にポケットにしまい、渡辺てる子は赤ん坊を抱いて新幹線に乗った。

第二章　シングルマザーの放浪

事務所で

五年ぶりの東京

新幹線が東京駅につくと、二歳下の妹と母が迎えに来ていた。

「お姉ちゃん、誰の子？」

「私の子だよ」

「じゃ、お姉ちゃんが産んだの？」

「そうに決まってるじゃない。三歳になる男の子もいるよ」

「えーっ」

母親がさらに強いショックを受けていたのは言うまでもない。

みんなで東京駅からタクシーに乗って二〇分、ぎこちない妙な空気に包まれながら自宅に到着した。何はともあれ、てる子はすぐに自分の部屋に行ってみた。自分の気に入ったレコードが置いてあるはずの自室は、訳のわからない物がうずたかく積み上げられて足の踏み場もない。物置に代わっていたその部屋を見て、五年の歳月を感じずにはいられなかった。

〈もう、ここに私の居場所はないのかもしれない〉

だが、少し落ち着くと、とてつもない焦燥感にかられてきた。

「Hがいない！　どこにいるの？」

離れ離れになったもうすぐ三歳になる息子の名を呼び続けた。後で母と妹から「半狂乱」だったと言われたという。さまざまな活動に詳しい大学の先輩を通して子どもたちの父親Aを探してもらった。警察に追われるくらいの急進的な活動家のAだ。どこかで消息が掴めるのではないか。

そこでさまざまな関係者が、いろいろな活動団体、政治団体やグループをたずねたが、「Aという氏名の人物はいない」が答えだった。Aのことを調査してくれていた大学の先輩がこう言った。

「やつは得体のしれない、とんでもない人間だ。あの男は国家権力に狙われるようなことはひとつもしてない、潜行する必要などまったくないんだ！」

にわかには信じられない言葉だ。働いたり一ヵ所に定住すれば必ず足がついて警察に捕まると、てる子が何度も「なんとかして働こうよ」と言っても激怒して拒否してきたAだ。いったい彼は何者なのだろう？

そうこうするうちに突然、Aから東京の自宅に電話があった。大阪のドヤ街にいるが、日雇い労働を続けないと東京までの交通費がないという。二転三転して、上の男の子とAとはぐれてから数週間後に新宿駅南口で再会する段取りになった。

てる子は騙されていた

約束の場所には一人で来るように言われたが、てる子の両親や親せきの叔父などが、まるで刑事が張り込みをするかのように周辺で待機していた。

上の男の子をつれてタクシーで現れたAが「早く乗れ！」と、てる子を急《せ》き立てて乗せ、父親や親せきらが周りを取り囲むのを振り切ってAはタクシーを走りださせたが、てる子は新宿駅西口あたりで何とかタクシーを止めさせた。

後から合流した親せきともども大きな喫茶店にはいって、気まずい対面となった。両親や親せきは、少し離れた席で二人を見守っている。息子はてる子の隣に座った。

「いったいどういうことなの？　私たちは権力に追われてるんじゃないの？」

「俺たちは権力なんかに追われてない」

「えーっ、じゃ潜行する必要なんてまったくなかったのね。なぜ!?」

「さみしかった。そうでもしないとお前と一緒にいられないと思ったから」

てる子は愕然とした。食べるものも食べられず、寝る場所もなく、おまけに二人の子どもにまでつらい思いをさせた。

〈五年間を返して、二〇歳《ハタチ》からの青春を返して〉

そう叫びたい思いにかられた。

五年間、騙され続けてきたのである。Aという氏名も偽名だった。

それから三七年たった二〇二一年秋、渡辺てる子は、ぽつりと言った。

「世間知らずだったんです」

母親の強いすすめでAとの婚姻届けを出した。だが、「あの男は家に入れたくない」という母親の思いをくんで、Ａは自宅から歩いて行けるアパートを借りて、てる子とは別居することになった。当時は一九八〇年代半ばで今とは違い就職は容易だった。Ａは孫請けの小さな広告代理店に職を得られた。母に金を貸してもらい、一万円のスーツ、ワイシャツ二枚、ネクタイ二本を購入した。

Ａの月給は二〇万円。経費その他が必要だと言ってＡは、てる子に五万円だけ渡した。てる子の実家とは気まずい関係で別居しているものの、なんとか親子四人の生活が始まった。

だが、数ヵ月後、会社の人から「ご主人どうしてますか」と電話が入った。Ａは失踪し、今もって消息をつかめない。

母子家庭のはじまり

Ａの失踪で文字通り、てる子は二人の幼子を抱えたシングルマザーとなった。生まれ育った家に住めたのは不幸中の幸いというものの、それでも働かなければならない。家族との関係も失踪前に戻ることはなかった。

多くのシングルマザーがたどる道を、このときから歩み始めたといっていい。母子家庭に限らず、多くの女性が職を転々とすることはめずらしくない。むしろ、望めばずっと同じところで働ける女性は少数派であろう。

まずは、近所のスーパーでパートのアルバイトに就いた。パック詰めと品出しの仕事である。その当時は上の子が三歳、下の子が一歳になる直前だったから子育ても大変だ。次ぎに区立保育園の給食調理のパート仕事を得た。区立保育園は土日が休みなので、なんとか子どもたちと接触する時間を保てると思ったからである。

生活を安定させようと、試験を受けて保育園の現業の正規職員をめざした。一年間通って働いたあと別の区立保育園に移り、都合五年間は調理室で働くことになった。子ども二人を別の保育園に通わせ、給食室での労働が続いた。月給は一五万円ほどであった。

保育園の調理室で働き始めた第一日目、てる子はよく覚えている。

「あんた、男に捨てられたんだろ」

これが同じ職場の先輩が発した第一声だったのである。調理室には、二〇代半ばのてる子と、他に二〇歳くらい年上の職員二人がいた。保育園の調理室で働く女性は、いわば非エリートが多い。母子家庭や、夫がいても収入が低く家計を補うために妻が働いているというケースだ。そうならば、お互い励まし合って頑張るといきたいところだが、現実はいじめにあっていた。

二年目に転園した保育園でもそれは同じだった。調理場には大型コンロが三つあり、その辺りはとても熱い。年かさの女性労働者から、その上に登って窓ふきを命じられるなどの危険な目にも遭った。

大鍋に入れてかき混ぜる大きなしゃもじで体をたたかれ、どす黒いアザができた。

「あなた、そのアザどうしたの。大丈夫？」

と友達から心配されもした。

あるとき同じ職場の先輩女性が、てる子の自宅まで押しかけてきて「性根を叩きなおしてやる！」と怒鳴り散らしたこともある。そのときたまたま自宅にいた妹にも、その女性は怒鳴り倒した。

「お姉ちゃんが母子家庭になったから私までこんな目に……」

身内からもそんなふうに見られてしまった。

毎週、日曜日の夜になると腹部に激痛が走り、脂汗を書いた。夜が明ければ、職場に行かなければならない。

働く喜び　生命保険の営業

そんなころ、保育園のママ友が見るに見かねて生命保険の契約をとる仕事をすすめてくれた。そして、下の子が卒園するまで五年間働いた給食調理の仕事に見切りをつけ、その生命保険のセールスレディの仕事を始めた。

この仕事も、一人で子育てする母子家庭の母親が少なくなかったという。

とりあえずいじめられる毎日から解放され、「働いてお金を得ることがすごくうれしかった」と今でも振り返る。そのお金で、子どもにもきちんと教育を受けさせたい、と思った。

月に一五万円、契約が思うようにとれたときには月二〇万円を超えるようになっていった。バブル経済全盛のころで、年収は三〇〇万円を超えるようになったという。だが、保険の営業として営業先の人に少しでも話を聞いてもらおうと、ちょっとしたプレゼントを購入して配るなどもしていたが、費用は全部自腹であった。

少しでも収入を増やそうと、営業先へチラシを作成して配ることもやってみた。保険営業の仕事をすすめてくれたママ友の夫が、編集プロダクションを経営していて、なんとはなしにチラシを編集するような話を聞いていたせいかもしれない。思いの外、チラシの作成はうまくできて、小さな代理店からチラシ作成の仕事も受注した。

振り返ってみれば、子育てと生活するための仕事で悪戦苦闘していくなかで、誰かの助けで新たな仕事を得るなどを繰り返し、生き延びていったのだった。

営業の仕事をするので、いろいろな人とも出会い、生命保険の営業のかたわらで友人が個人輸入したと思われる洋酒の委託販売もした。当時は特に女性に人気のある洋酒だった。その洋酒のイメージ戦略を考えた容器には、岬に女性の姿の絵があるので、その絵柄に見合う恋愛ストーリーを作って営業トークに使った。

あいかわらず毎日の仕事と子育てで忙しいとはいえ、自分で考えたチラシを作成して配布することに、かすかな喜びを感じていたりもした。そして収入も生命保険の営業とチラシ制作、洋酒の委託販売で年収三六〇万円くらいになっただろうか。

このままいけば、生活もできて子どもたちの教育資金も貯められる。ホームレスを終えて六年が過ぎ、三〇歳を超えた渡辺てる子にも、少しだが安定と未来を見られるようになったのだ。営業の仕事は気苦労なこともあったろう。だが、仕事に子育てに超多忙な日々を送りながらも、なんとなく希望が見え始めていた。そんな矢先、奈落の底に落とされるような事件が起きてしまう。

背中に走る激痛で一ヵ月入院

　ある朝目覚めると、背中に激痛が走り起き上がれない。いったい自分の身体に何が起きたのだろうか。昨日までは仕事をしていたのに。脂汗を流しながらなんとかタクシーで行きつけの医院に駆け込んだ。生命保険の営業を始めて二年もたたないころだった。

　結局、倒れた最大の原因は過労だった。新宿の書店で運命的な出会いによる五年の放浪生活。その苦難を終えて間もなく入籍したAも勤め始め、東京での新たな生活が始まったのも束の間、夫が突然失踪してしまった。スーパーのアルバイト、毎日いじめられての保育園調理室での仕事。そして生命保険の営業のかたわらチラシ作成や飲料の販売……。ようやく年収も三〇〇万円代半ばになり、子どもの教育費などわずかばかりの蓄えもでき始め、光が見えてきた矢先のことだった。元夫と出会って出奔《しゅっぽん》してから一〇年の月日が過ぎ、世の中はバブル経済全盛から崩壊の兆しが見え始めたころである。

精神的には充実していたものの、やはり身体が追い付かなかったのだ。入院は一ヵ月におよび、車イスでなければ移動できないほどの重症だった。しかも、重いうつ状態に陥り、以後一年間はまったく働けない状態になってしまった。治療費、入院費、生活費がかさなり、生命保険の営業や飲料販売で蓄えたお金も尽きかけてしまった。

そんなころ、知人の紹介で印刷所のアルバイトの職を得た。親子三人暮らしていかなければならない。また、家政婦紹介所も紹介されて、非正規のパートやアルバイトで食いつないでいった。多くの女性、とりわけシングルマザーがたどる不安定で低収入の生活を、以後は延々と歩んでいったのである。

ただ、不思議と、ちょっとした周囲のアドバイスや小さな親切により助けられてきた側面もある。身体にアザができるほどいじめられていたときに、ママ友から保険セールスレディの仕事をすすめられて「いじめ被害」から脱出できた。過労の末に倒れて一年間何もできなかったあとも、知人の紹介で新しいアルバイト生活を始めることができた。

身分と待遇は別にして、とても興味深い仕事を得ることもできた。これも知人の声かけがきっかけだった。

阪神淡路大震災後のレポート

アルバイト・パートの仕事で生活を維持していくなか、一九九五年一月には六四〇〇人以上の犠牲者を出した阪神淡路大震災が起きた。その後、また も知人の紹介で社団法人の仕事にパート扱いで入った。不安定雇用で賃金は低かった。高学歴主婦が扶養控除の枠内で働くような職場であったという。

そこは高齢化社会を研究する社団法人であった。阪神淡路大震災から少し経過したとき、現地を取材して、高齢化問題の見地から報告書を冊子にする仕事を経験した。現地を取材し話を聞き、なおかつさまざまな資料を収集して読み、最終的に文章にまとめる。非正規という身分格差はあり低賃金ではあるものの、仕事内容は「これは面白い！」と満足のいくものだった。

また、研究者である社団法人理事の話を聞き、文献もチェックして理事による報告文をまとめるゴーストライターのような役目も果たしたという。これも「へえー、こういう仕事もあるんだなあ」と感心したものである。

子どものころから本が好きで読書家のてる子は、文献や資料を読みそこから考察してあらたな報告書等の文書を作成するのは、まさに性に合った仕事だった。

この職場では、全国から高齢化社会を活性化させるための企画を募集し、集まってくる提案書を読んでランク付けする作業も行った。てる子が実施したランク付けの結果は、理事たちの評価内容と同じだったという。

高齢化社会をテーマにしたシンポジウムを企画し、実現までの実務を担ったこともある。社会の大切な問題を取り上げたテーマで詳細な企画を考え、パネリストを考案して出演依頼をし、当日の流れを設定。会場設定、受付、広報、パネリストと連絡しつつ配布資料の作成、シンポジウムが実現するまで細かな配慮……。ひとつのことを成し遂げるには膨大な労力が必要だが、価値ある仕事を積極的につくりあげていくことに、これまでにない満足感を得ていたのである。

このころはすでに、子ども二人は思春期にさしかかり、年相応の難しさはあるとはいえ、小さかったころよりは手がかからず、よけいに仕事に喜びを見出せるようになっていたのかもしれない。このころから、シングルマザーとしての活動を始めるようになった。もともと大学入学時から政治や社会に関心をもち活動に関わるようになっていたこともある。

非嫡出子差別を解消する活動にも関わり、一人でロビー活動などもしていた。シングルマザーの自助グループの活動にも参加した。こうしたグループは、さまざまな課題に取り組んでいた。児童扶養手当制度拡充も必要だし、生活の基盤となる就労支援は必須である。多くの当事者は、何をどうしていいか悩んでいるのだから、電話による相談（今ならメール相談）にも乗り、当事者を孤立させず情報の共有化も求められる。少しでも安定した生活をできるようにしたい、とてる子自身も当事者として関わった。

このころは、とくに青島幸男都知事時代（一九九五年四月〜一九九九年四月）に東京都独自の母子家庭の児童育成手当を削減する動きがあり、それを阻止するために奔走。子連れで集会にも参加したものだった。

仕事に、子育てに、活動にと動き回る日々だったが、あるとき社団法人から給与の減額を提示されてしまった。仕事は気に入っていたが、それでは生活していけず辞めざるをえなかった。思春期に入っている子どもたちの将来を考えれば、何かと入用だったからである。

四〇歳過ぎて派遣労働者になる

気に入っていた社団法人を退職した後は、再び生命保険の営業や知人に紹介されたアルバイトなどで糊口《ここう》をしのぐ生活を続けることになる。

二〇〇一年、四二歳になる直前に派遣労働者としてのあらたなスタートを切った。派遣先はエネルギー関連会社だった。派遣労働者だからまず派遣会社に登録し、そこから企業に派遣されるのが普通だが、てる子の場合は少し違った。派遣先のエネルギー関連会社の役職者から直接請われたのである。ある報告書をまとめなければならなかったが担当者がそれを投げ出してしまったらしい。その人の代わりに報告書を仕上げてくれないかと請われたのがきっかけだったのである。そういう事情なら、その会社と直接契約するのが筋だが、あくまでも派遣会社と契約を結び、その会社に派遣される形をとった。

この会社は、物理探査検査技術サービスを提供している。地下資源、環境や防災、建築・土木工事のために幅広く探査し解析する業務を行っている。

ここでは事務系をはじめさまざまな業務をこなすことになるのだが、イラクなど中東、東南アジア、南アジアなどから技術者が来日し、探査方法を教える業務もある。外国からの技術者の日本でのアコモデーションを担当することになった。宿泊や日本での生活のサポートをする業務である。

まず、研修者を日本に招くために必要な招待状（インビテーション）を作成する作業にとりかかった。この招待状が、日本の会社がその人を招聘《しょうへい》する保証のようなものになる。とにかく、外国人研修者を招く細かな手はずを整えることになった。

　彼らが来日すると英語で対応しなければならない。正社員の女性が英語を使えず「渡辺さんやってください」との命を受け、見よう見まねでなんとか対応せざるをえなかった。タクシーの手配、食事の説明も。というのはイスラム教の人もいるので、豚を食べられないなどについて、調理側、飲食店側に説明しなければならないからだ。

　彼らは仕事の合間をぬって、はとバスに乗って観光したり、箱根にまで足を伸ばすこともあったが、そのような際も、てる子は同行し全員の面倒をみていた。

　ある独立法人がクライアントだったときは、予算通りに仕事をしているかの領収書などのエビデンスをそろえた。ファイルから領収書を取り出してコピーし、適正に予算がつかわれているかを確認するのだ。

　あるいは正社員の代わりに精算業務をしていたときもある。同時にアーカイブ（保存資料）ファイルデザイン（資料の分類・検索・整理・保存の仕方）も提案して、実際にこなしていた。

職場で倒れ救急搬送「あなたの健康管理が悪い」

派遣労働者で時給一七五〇円。交通費もなし、いくら働いても退職金は一円もでない。結局、四一歳から五八歳まで約一七年間も同じ職場で働くことになったのだが、若い女性社員の半分以下の給与だった。

職場（派遣先）の上司からは「渡辺さんって、一人三役だね」と言われるほどだった。実際、外国からの研修者の世話から始まり、精算補助や資料の保管、そしてクライアントとの交渉の一部にも参加。これは営業部が実施する仕事である。

「実際、人の三倍くらい働いたと思います」

と本人は振り返る。このような働きぶりは誰の眼にも明らかになり、上司の部長の推薦で正社員に登用される寸前までいった。ところが派遣先の役員が発した次の一言で正社員の話は消えてしまった。

「派遣の女の老後なんか知ったことか。派遣は正社員の雇用の調整弁なんだから」

派遣先の仕事も慣れてきたころ、どんどん仕事が増え残業も増えていった。とくに毎年九月から翌年三月にかけては忙しく、残業時間は過労死ラインの八〇時間を超えて一〇〇時間近くが続いた。

こんな状況が五年〜七年くらい続いたある日、働いている最中に体が動かなくなってしまい、意識が朦朧《もうろう》とするなかで職場の誰かが救急車を呼んでくれ搬送された。その病院で点滴を打たれ、しばらく休んだのちに入院することなく帰宅した。

〈締め切り間近だし、なんとか仕事を終えなくちゃ〉

このときは仕事のことが気になって仕方がなく、数日後には職場復帰して課題に取り組んだ。その後、残業続きで倒れたのだから労災だろうと思い派遣元に労災申請を頼んだのだが、返ってきたのは「あなたの健康管理がダメだったからでしょ」の一言であった。

こんなこともあったが、元来まじめな(クソまじめな)渡辺てる子は、そのときそのときに担当した仕事を一生懸命実行し続ける毎日だった。

そうはいっても、ある日突然、むなしさが込み上げてきてしまった。

「こんな毎日、無駄じゃん」

むなしいというか、悲しいというか、やるせないというか、表現しがたい感情のほとばしりであった。

二時間早く出社し早朝勉強

派遣労働者になって四年目の二〇〇五年ころ、倒れて搬送される前のことである。二人の子どもが成人したこともあり、二時間早く出社して勉強を始めた。今のままならずっと派遣労働者であり、昇給もなければ昇進もなし、退職金もない、自分の能力を向上させることも難しい。ただずっと低賃金のまま働かなければならないのだ。

自分の仕事の腕を磨き資格も取得すれば、いつか正社員に登用される道も開けるのでは、というかすかな望みをもったのである。

朝早く会社に着いて、計画的に勉強を始めた。資格もたくさんとった。ビジネス法務検定、貿易実務検定、秘書技能検定、ビジネス文書検定。こうして仕事に役立つ勉強を自分で進めていったのである。しかし、ずっと派遣のままで待遇も給料も上がらない。勉強をやりながら、むなしさと面白さを同時に感じていた。

そのころ、大学の通信教育課程も受講した。通信教育では夏にスクーリングが一週間あり、そのときは大学に通わなければならないので申し出ると「派遣のくせにそんなことはできない、辞めさせてやる」と心ない反応が返ってきただけ。しかしこのときは断固として圧力を跳ね返してスクーリングに行ったという。二時間早く出社し自費で勉強をしている最中、正社員は就業時間内にTOEIC関連の勉強をできたりもしていた。

毎日早朝勉強して資格をとっていたのは、心の底に社労士とか弁護士のような士業の仕事に携わりたいという思いがあったからではないか。その代償に試験を受けて資格をとっていたのかもしれないと本人は述懐する。

だが、朝の勉強も、二時間早くの出社を禁じられ、一時間前にしか会社に入れなくなった。心の支えにもなっていた勉強にも制限が加えられたこともあり、少しうつ状態になった。それでも、夫が失踪した時期に始めた近所のスーパーのパート労働を皮切りにいくつもの仕事を転々としてきたなかで、不安定で未来がないとはいえ、派遣労働者として一七年近くも同じ場所で働くことができた。三ヵ月更新ごとに「次も契約できるだろうか」と心配し続けた一七年間であった。

ところが二〇一七年一二月、「次の契約はありません」と派遣元から一方的に通告され、派遣先企業からは「最後の日に入館カードを返してください」と事務的な指示を受けた。それに従わざるをえず、一二月六日に出社して入館カードを返却した。それで終わりだった。三ヵ月契約を六〇回以上更新し、時給はわずか八〇円上がっただけの一八三〇円だった。交通費もなし、経費もなし、退職金もなく、一六年八ヵ月の派遣労働者としての生活は、あっけなく終了した。

政治家への「前史」労働者派遣法改悪反対運動

てる子は、シングルマザーとして不安定な労働を強いられてきた当事者として、声も上げていた。前述の母子家庭の自助グループに関わったのもその一環である。

レイバーネットにも参加した。レイバーネットとは、労働運動の情報ネットワークのウェブ・サイトのことだ。イギリスのリバプール港湾労働者の闘いや韓国民主労総のゼネストを海外に伝えるために世界各地にレイバーネットがつくられ、二〇〇一年二月にはレイバーネット日本の設立総会も開催された。ちょうど渡辺てる子が派遣労働者になった年でもあり、レイバーネットにも参加するようになったのである。

派遣労働についても独学で法律を学び、自らが置かれた現状と社会的・法的位置づけについて勉強した。前述のように大学法学部の通信課程での勉強も役に立った。だが、学問としての学びというより、自身が派遣労働者であるという日常と学問の一体化である。つまり、机上の論理でなく、痛みをともなった実践的勉強といえるだろう。そうしたこともあり、大学の教師からゲストスピーカーとして労働問題のシンポジウムで話すことなどを求められた。派遣労働者として毎日働くかたわら、シングルマザーをはじめとする女性団体、労働団体などと積極的に関わっていくことになる。

「当事者が声を上げ続けなければならない」その一念だった。

時期が前後するが、派遣切りにあう前の二〇一五年八月二六日、参議院厚生労働委員会の参考人質疑で意見を述べたこともある。本名を明かせば三ヵ月更新の契約をしてもらえない危険があるため、ペンネームの宇山洋美として委員会に出席した。

その当時、労働者派遣法の「改正」が審議されていたからだ。そのときの改正案のポイントは、派遣期間の制限見直し。

第一に、それまでは、書籍等の制作・編集、秘書、財務処理、などの専門二六業務の派遣労働者を除いて最長三年と定められてきたが、期間上限を事実上撤廃すること。

第二に、それまで期間の制限がなかった専門二六業務は、最長三年と定められるという案だった。企業が望めば、三年ごとに人さえ入れ替えれば派遣労働者を無期限に使い続けられる。つまり派遣労働者が一生涯派遣のままにされるのを合法化させようというのだ。従前の違法派遣（恒常的派遣）の合法化である。明らかな改悪だった。

二〇一七年一二月に派遣切りにあってからはアルバイトで食いつなぎつつ「当事者の声を政治に」とさまざまなところで声を上げ続けていた。筆者との関わりは二〇一四年一〇月一一日、渡辺てる子からフェイスブックのダイレクトメッセージで友達申請を求められて以来だ。しかしネット上での活躍は見ていたが会うことはなかった。

それから四年半後の二〇一九年四月一八日、東京新宿でフリーライターやカメラマン、労働運動に関わっている人たちが集まる会食があり、その場で初めて知り合ったのである。

その会合の終了後、新宿駅中央東口に近い名曲喫茶で、筆者は彼女に軽く声をかけてみた。

「れいわ新選組から立候補したらどうですか？」

四月一〇日、れいわ新選組の結党記者会見が開催されて一週間が過ぎたばかりだった。

れいわ新選組から誕生した「てるちゃん」

新宿での会合から三ヵ月とたたぬ七月二日。当時アルバイトをしていた大学教授の資料整理のため、渡辺てる子は仕事場に向かった。資料整理も一段落し、夕方になり教授と二人で軽く食事をして帰途についた。

小田急線で新宿へ向かう車中では、明日以降の仕事のことを考えていた。というのは、前日に東京二三区の一つで生涯学習担当部署の非常勤職員として採用される辞令を受けていたからである。非常勤だから給与は低いが時間的余裕があるため、これからも女性問題、母子家庭問題、非正規労働者問題を解決し、社会に役立つ活動を続けたいという思いもあった。食事時に一杯飲んだビールも手伝って、ぼんやりと、あれやこれやと思いを巡らしていた。

そのとき、突然知人から電話がかかってきた。

「山本太郎さんから電話があるから、よろしく」

なぜかとても急いでいる様子が電話から伝わってくる。彼が山本太郎を支持していることは知っていたが、なんだろう？

するとすぐに山本太郎から直接電話が入った。

「今度の選挙に出ませんか？」

ストレートにこう言われた。一瞬、息をのんだ。選挙直前で人手が足りず、ボランティアとして活躍してもらいたいのだろう。たしかに「選挙に出る」という言葉を彼は発してはいる。でもそれは、役者一流のパフォーマンスで、ボランティア参加にもそういう表現をしているのではないかと思った。「写真が……」とかいうことも言っていた。ボランティア体制を整えるのにも非常にしっかりしているなと「いいですよ、協力しますよ」とてる子は答えた。でも「選挙に出る」という言葉を山本太郎は口にした。半信半疑のまま帰宅して床に着いた。

翌朝、詳しいことは秘書と話してほしいとのことだったので電話をし、すべてがわかった。前日の山本太郎からの電話は、参議院選挙への立候補要請だと確認した。明日の七月四日が参院選告示日だから、目まぐるしい。これからどうなるんだろう？　先のことはまったく予想できなかったが、すぐさま出馬を承諾した。政治家・渡辺てる子誕生の瞬間だった。議席はないが「政治家」である。

かつてはホームレスで子どもを産み五年間の放浪生活を送った女性、その後も多くの母子家庭がたどるように不安定な雇用で職を転々として生き抜いてきた、まったくのド庶民が国会議員を目指して立候補を決めたのだ。このときから投票日まで、〝超高速大型台風〟が吹き荒れるような一七日間を迎えることになる。

れいわ新選組は「当事者」を重視する政党だといえる。派遣の当事者、非正規労働者の当事者、シングルマザー、障碍《しょうがい》者……。各分野の当事者ぬきに政策が決められている世の中に正面から挑戦する政治集団であり、立候補者たちだった。

そして消費税廃止を日本改革の一丁目一番地におき、主要政策のほとんどが経済政策で、大規模な財政出動で困窮者を救済することを大々的に訴えている。一応リベラルな政党ではあるものの、従来の政治の右左は直接関係ない。左右よりも上下だ。一％の支配層より九九％の人々のため、上級国民より下級国民が人間らしく暮らせる世の中にしようという政治集団だ。永田町の外側の感覚の人たちによって盛り上げられたといっていいだろう。

だからこそ、この年の参院選では〝れいわ旋風〟が吹き荒れたのだ。渡辺てる子が歩んできた道を振り返れば、れいわ新選組の一員になるのは、実に自然な流れなのかもしれない。

選挙戦が本格化するにつれ、「てる子さん」「てるちゃん」と親しみを込めて支持者から呼ばれるようになった。

もしかしたら世の中が変わるかもしれない

選挙戦が進むにつれて、各地を歩いていくと、てる子と同じ境遇のシングルマザーや派遣労働者などから熱い期待を寄せられていることを肌で感じるようになっていった。

「立候補してくれてありがとう」

「あなたみたいな人を待っていた」

何度もこのような言葉をかけられた。街頭では、青年も声をかけてきた。

「シングルマザーとして僕を苦労して育ててくれた母がいます。渡辺てるちゃんの話を聞いて、母のことをより大切に思うようになりました」と思いのたけを述べてくれた。各地での街頭演説やそれを撮影したユーチューブ動画などで、渡辺てる子の演説は注目されるようになってきた。自分の経験や見聞をもとにした心底からの訴えだから、直接聴衆の心に響く。演説する当人と聴衆との心の声が共鳴するといったらいいであろうか。マイクを握るごとに、日がたつほどに、扉が一枚一枚開かれていくように、渡辺てる子の中で何かがほとばしってくるのを本人も実感していた。

「自分のことだけしゃべっているつもりはないんです。自分自身が声を発しているんですけど、何かに突き動かされている。自分の言葉だけど自分のものだけじゃないんですね。多くの人々の思いやパワーを身に受けて、私の体を通して発せられる言葉というか……」

発した言葉は自分の体から出たものだが、決して自分だけが生み出した言葉ではない。それはかつてホームレス時代に子どもを産んだときの感覚にも通じるところがある。たしかに自分の肉体から生まれた自分の赤ん坊ではあるのだ。でも同時に「この子は、何か目に見えない大きな力がもたらした存在なのだ。私の一存でどうにかなるものではない。どこかで何かが見ている。この生命体の出現を……」と思ったのだった。

彼女と同様に、苦難の人生を歩んできた人は多い。その不幸や苦労、悔しさ、言葉にならない思いを一身に受けていることを感じざるをえなかった。れいわ新選組の選挙は、人々の熱気であふれていた。もしかしたら、世の中が変わるかもしれない、と。

結果、れいわ新選組は、舩後靖彦と木村英子の二人を当選させ、国政政党となった。党全体の得票は二二八万二五三票、代表の山本太郎は候補者中最多の九九万一七五六票を獲得したものの落選。比例区の得票率は四・五%を超え、政界に一定の影響力を及ぼす存在になったが、渡辺てる子は落選した。しかし、これで終わりではないのはもちろんで、第一幕が明けたに過ぎない。

二〇二〇年二月一七日、渡辺てる子は、次期衆議院選に立候補する意向を表明した。

第三章　社会の現実　DaiGo差別発言を考える

事務所で

大貧困化時代の「酸素吸入」と「輸血」

ホームレスを経験し、その後母子家庭となって二人の子どもを抱え、アルバイト、パート、保険の営業、派遣労働など、職を点々としながら生き延びてきた渡辺てる子。彼女のようにホームレスという極端な経験はなくとも、いくら働いても這い上がれない厳しい生活を送る人々は、年々増え続けてきた。

一九九五年、日経連が「新時代の日本的経営」を発表して以降、その意向を受けて政府は非正規労働者拡大と格差拡大の政策をとり続け、現在に至っている。

貧しい者の傷口に塩をすりこんだのが、二〇一九年一〇月からの消費税八％から一〇％への増税だ。同年一〇月から一二月のＧＤＰは大幅に落ち込み、日本経済は大打撃を受けた。卸売り総額は二〇一九年に八％減少し、それまで二回の消費税増税よりはるかに打撃が大きいことを示していた。

その状況で、年明けからコロナ禍という嵐が日本全体、とりわけ不安定雇用の人々を襲った。日本国内でコロナ感染第一号が出て、飲食店をはじめさまざまな業界が打撃を受けたが、そうなるとパート・アルバイト・派遣など非正規の労働者が真っ先に切られる。

まだコロナ第四波が襲来する直前の二〇二一年二月、野村総研がパート・アルバイト就業者六万四九四三人（二〇歳～五九歳）にアンケート調査した。この報告書によれば、「シフトが五割以上減少」かつ「休業手当を受け取っていない」人を「実質的失業者」と定義し、今回の調査結果および総務省「労働力調査」を用いて実質的失業者を推計したという。

それによれば、コロナによる実質的失業者は女性一〇三・一万人、男性四三・四万人（合計一四六・五万人）と推計できることがわかった。二月時点の完全失業者は一九四万人で失業率二・九％だったから、これと合わせれば実質失業者は三四〇・五万人にものぼる。それから三ヵ月後の五月の完全失業者は二一一万人に増えている。このような実質的失業者は失業者としての統計に含まれないのである。

野村総研の報告が出てから間もない二〇二一年六月、東京都議会議員選挙の最中に実施されたＮＨＫ一万人アンケート調査も注目すべきだ。コロナによって収入が減少した人は三四％、変わりない人は六一％、増えた人は四％である（四捨五入のため一〇〇％にはならない）。これを見ると、三四％の人々が経済的に追い詰められてはいるものの、残りの六六％はぎりぎり生活を維持できている。この六六％によって現体制が維持されているのだろう。

しかし、野村総研の調査からわかるとおり、二〇二一年二月時点で実質失業者は三五〇万人近くになっており、補償が貧弱な中での自粛や休業強制は死活問題だ。窮地に陥った人々の生活を好転させるのは、呼吸困難にあえぐ人々に酸素吸入するのと同じである。あるいは、大量出血している人たちに緊急輸血が必要だろう。

政治家として立つと決めた渡辺てる子がいま訴えているのは、まさに貧しき人々、生きづらい世の中を生きている人々への「酸素吸入」と「輸血」なのである。第一に消費税廃止による生活底上げと、それによる経済効果。彼女が所属するれいわ新選組は、コロナ収束まで毎月現金給付することを訴えている。

さらに中長期的には、派遣労働の大幅規制、男女賃金差別の禁止、同一価値労働同一賃金、ブラック企業への罰則強化。そしてユニークなところでは、義務教育や高校教育レベルで生活保護や社会福祉サービスの申請方法や福祉の実際、労働関連法を教科にすることも主張している。

一九九〇年代半ばの日経連「新時代の日本的経営」方針のもとに大量に生み出されたワーキングプアを救うことで生活を底上げし、日本経済発展の基礎にしようという考えだ。

しかし、こうした渡辺てる子や彼女が支えようとする庶民に真っ向から対立するのが、自公政権であり今の社会だ。そして、強者に甘く弱者に厳しい社会風潮を象徴するような事件が八月に起きた。メンタリストＤａｉＧｏの生活保護受給者・ホームレス蔑視発言である。

「野良猫とホームレスを同列に扱うのは猫に失礼」とＤａｉＧｏ

メンタリストＤａｉＧｏといえば、多くの人が関心をもつであろうテーマについて、心理学のさまざまな研究論文を要約してわかりやすく短時間で解説するユーチューブ番組で人気の人物である。他に企業の顧問、有料動画配信もしている。ユーチューブ番組の登録者は二〇二一年八月上旬に約二四七万人。その影響力は大きく、今はやりのインフルエンサーと言っていいだろう。

事件は八月七日に起きた。

ボクは生活保護の人たちにお金を払うために税金を納めてるんじゃないからね。

生活保護の人たちに食わせる金があるんだったら、猫とか救ってほしいとボクは思うんで。生活保護の人生きててもボクは別に得しないけどさ、猫は生きていれば得なんで。猫が道端で伸びていればかわいいもんだけど、ホームレスのおっさんが伸びてるとなんでこいつ我が物顔で段ボールひいて寝てんだろって思うもんね。自分にとって必要のない命は軽いんで、ホームレスの命はどうでもいい。ホームレスって、言っちゃ悪いけどどちらかっていうといない方がよくない？　皆たしかに命は大事って思ってるよ。人権もあるから形上大事ですよ。でも、いない方がよくない？正直。邪魔だし、プラスにならないし、臭いし、治安悪くなるし、いない方がいいじゃん。猫はでもかわいいじゃん。犯罪者殺すのだって同じですよ。

（人類は）群れ全体の利益にそぐわない人間を処刑して生きてるんですよ。犯罪者が社会にいるのは問題だし、皆に害があるでしょ。だから殺すんですよ、同じです。

批判が殺到した動画だけではなく、ほかの動画でもホームレスなどに差別的な発言をしていた。野良猫とホームレスを比較して次のような見解を披露してもいる。

野良猫にねー、なんか餌あげるのよくないって怒る人いますけどね。じゃ、ホームレスへの炊き出しは何でいいんだってボク思いますけどね。ちょっとすいません、ホームレスと猫を同列に並べるのは猫に失礼なんで、ちょっとボクあんまりやりたくないんですけど。猫に餌あげるのはダメだけど、ホームレスにご飯あげるのはいいんですよね？　何でなんですかねえ？　不思議だな、だれか教えてほしいな。

（書き込みを見るような様子）

「ホームレス全員が自業自得じゃない」面白いこと言いますね。じゃあ、猫は自業自得なんですか？　野良猫って自業自得ですか？　勝手に拾われて勝手に増やされて捨てられて。自業自得ですか？　頭悪いこと言っている人がいますね。

「動物は餌をあげると繁殖しちゃってもっとかわいそうな子が増えちゃうから、中途半端に餌あげるなら責任もって飼うしかないって意味でダメなんじゃないですかね？」ていうのがきましたね。ハイ、その通りですね。じゃあ、ホームレスは？

生活保護を本当に必要としていない人にあげると、働かない人が増えてしまって、生活保護を受けながらパチンコとかしちゃうから、本当に困っている人以外には生活保護をあげないということをしなくちゃいけないから、ていう話になりますよね。

増えて経済的に困るのはどちらですかね？　野良猫が増えるよりも、働けるしお金稼げるし、ていうか、なんならお金もあるのに生活保護を受けている頭の悪い人たちが増える方が、社会にとっては打撃がでかいと思うんですけど。打撃のでかい方から対処するのが筋じゃないんですかね？どうなんでしょうかね。

メンタリストＤａｉＧｏは生活保護の不正受給についても触れているが、ちなみに不正受給の割合は、年度にもよるが一％台で、九九％近くは基準を満たして普通に受給している。なお、不正受給の中には、受給家庭の高校生がアルバイトをしたときの申告漏れなどもある。厚生労働省の資料は次のように指摘している。

「社会保障審議会生活困窮者自立支援及び生活保護部会や生活保護制度に関する国と地方の実務者協議において、高校生のアルバイト収入の申告漏れに関しては、本人が収入申告義務をよく理解していない場合や、本人に悪気がない場合があり、子どもの自立への意欲を削がないような対応に見直すべきとの意見があった」

彼は、次のような趣旨の発言もしている。

「ボクは税金をめちゃくちゃ払っているから、ホームレスとか生活保護の人たちに貢献している。自分を叩いている人たちは、自分よりも税金を払ったり寄付したりしていない」

高額納税していなければ批判する資格はないというのが、彼の考えのようである。

一連の発言に対し批判が起きると、一応「謝罪」をしたが謝罪になっておらず、すぐにその「謝罪」を撤回し、ふだんのＴシャツ姿とは違うスーツ姿で本格的な再謝罪をした。だが、ほんとうに心からの謝罪かどうかはわからない。

今回の発言は、メンタリストＤａｉＧｏという人物一人だけの問題ではなく、その発言を生み出す社会に問題があるのは明白だ。この発言を受けて、かつてホームレスを五年経験した渡辺てる子が、多くの人と一緒に考えようと二〇二一年八月二一日、東京都内で講演をした。以下は、その講演録である。ここで差別発言の背景にある社会や、彼女がどう考えどう対応しようとしているかが理解できる。

渡辺てる子講演録（二〇二一年八月二一日）

誰が悪いかではなく何が問題か

五年間ホームレスを経験し、一人の人間として看過することではないと考え、緊急講演会に招かれてお話しすることにしました。大切なのは、メンタリストＤａｉＧｏさんの今回の問題発言やこれまでの言説をただ批判するだけでは、問題の本質はなかなか見えてこないのではないか、というのが私の考えです。誰が悪いのかではなくて、何が問題かを考えるということなんですね。

結論を言うと、ＤａｉＧｏさんの問題発言そのものよりも、この発言が多くの人に受け入れられている社会の状況の方がより深刻だというのが私の考えです。

差別と排除の残酷性

まず大切なのは、差別や排除の残酷性を強く確認することだと思います。ＤａｉＧｏさんの発言は、排除どころではなくヘイトクライムでもあります。殺人をほのめかしてますから。それから、ジェノサイド・大量殺戮という問題もはらんでいると思います。生命の存在を否定する言葉だと確認していただきたいと思います。

それから生命の普遍性という価値観を獲得してほしいというのが、私からのお願いです。普遍性とは、あまねくということです。これは近代的な思想で勝ち取ったことなんですよ。多額の税金を納めているから偉いんだ、ものが言えるんだ、なんて封建制時代の話ですよね。

大日本帝国憲法の時代には、高額納税者が貴族院というところに行けるとか、選挙権に対しても大変な差別がありました。メンタリストＤａｉＧｏさんが、自分は税金納めいているからものが言えるんだというのは、二〇二一年までに築かれた近代的な価値観が欠落しているんじゃないか、それぐらい時代遅れの発言だと思います。彼だけじゃないですけどね。

そこには、ホームレスを生み出す社会的要因を考えることが欠落していますね。ＤａｉＧｏさんはご自分の権威付けのために、造り付けの本棚にたくさんの本を並べている。あの部屋の中で動画を撮影して、自分はこれだけ本を読んでるんだぞという効果を演出しているのでしょう。だとしたら、どんな本読んでるんですかね？　本棚の中身を知りたいなと思います。

露悪的な本音が受ける社会の危機

露悪的な本音が受ける時代の危機を感じます。彼の動画を見たいという人が、なんと二四〇万人以上いるわけでしょう。だからこそ彼はお金を稼ぐことができるわけですけれど。そもそも、社会を見ないことが基本的な問題だと思います。

〈※筆者注　彼はユーチューブでこう述べている。

《ボクは人間が嫌いなんで基本的には。あんまり人に興味ない。人の性質には興味がありますよ。生物としての人間の挙動に関しては興味あるし、自分のプラスになるんで、人間を知ることは。人間の繁殖とか未来とか社会とか全然興味ないんで》

　このように「社会に興味がない」と明言しているのだ。さらに続けて持論を展開する。

《ボクに理性的というか、なんていうかポリティカルコレクトというか、そもそもみなさん、なんか間違えてますよ。ボクまともな人間じゃないですからね。まともな人間は、本をこんなに読んで、就職もしないし、別に仕事もしたくないし、時間も守らないし、みたいな人間にならないですからね。なんか、ボクはこういうね論文の話とかしていると、なんかこういうまともなこと言っているように見えるんで、ボクをまともな人と思う人いますけど、ボク全然まともじゃないですからね。

まともに生きてたら、こんな生活できていないですよ。頭おかしいことしないと、人と違うことしたから、うまくいったわけであって。だからボク、人と同じことを求められても、それをしないって決めて生きてきて、うまくいってるんで。ボクからすると、こう一部の人がね、これ（この放送）は理解がある人ばかり見てくれてますけど、一部の人はやっぱり、常識はこう、ＤａｉＧｏは常識知らずだって人いますけど、それボクにとっては称賛の言葉にしかならないんですよ。あっ、よかったぁーって。やっぱ常識と違うことまだできているのか、とね》

好き勝手を言っても構わないと自分でハードルを下げています。でも、やはりそこはわきまえて欲しいなと思います。二四〇万人もフォロワーがいると、今時の言葉で言うとインフルエンサーですよね。多くの人に影響を与え社会的発言にもなるし発信力がある。言ったことに対しても責任が伴うのは当然ではないですか。彼はどんなところでも自己責任について言うのに、自分が言っていることの責任は負わないっていうダブルスタンダードがはなはだしいですね。

自分より弱い者に対しては非常に厳しいことを言いながら、自分には甘くていいんだという手前勝手な論理がある。本音を言っちゃった方が偉いんだとか正直なんだっていうような風潮が強い。「わかりやすさが正しさを押しのける昨今」だと思います。

ＤａｉＧｏさんは、ご自分で研究して見つけた独自の見解や概念は実はありません。アカデミズムの世界で論文というのは、自分が取り組みたいテーマの先行研究の論文・言動・書籍など全てを読んだ上で、それを踏まえて自分はそれとは違うことを言いたいんだと、新たな視点を出さなければ論文じゃないんです。

さらにそこに学識経験者複数が、査読といって提出したものを読んで、これだったらいいですよねって認めなければ論文にはなりません。ＤａｉＧｏさんは、そういうインテリジェンスのスクリーニングを通さないでむき出しのまま言っています。

彼自身が独自の見解を出すのではなく、一つひとつのテーマについて海外の研究とか論文ですっと紹介するに止まっている。

〈※筆者注　本人もそれは何度も自身の番組内で再三にわたり話し、紹介しているだけだからとハードルを下げ、自分自身の見解を問われたり、追及されることを防御している。〉

さらに、書籍と動画というメディアの違いによる問題発言でもあります。書籍の場合は必ず編集者がいて、編集者は差別用語について一通りのことを知っていますし敏感です。それからポリティカルコレクトネス＝政治的に正しいことを言わなければだめだというチェックも必ず入れるようになっています。そういう編集者の手を経ないと世の中に印刷物を流通させられません。

ところが個人の動画は基本的にそれがないですね。多くの人が発信の場として動画メディアを始めたことは非常に良いと思うのですけれど。しかし玉石混交のリスクもあると思います。残念なことにＤａｉＧｏさんの言説は、ファンは多いものの、玉石の「石」になってしまっているんだなとわかります。

私ですらホームレスを差別する気持ちがある

あとは、競争的な価値観の中で自己完結しているのも彼の特徴だと思います。手前勝手に簡単に喋っていると視聴者にとっては逆にわかりやすかったりもします。でも、世の中そんなに簡単にわかることは少ないですよね。本音を語りそれを聞いているとわかりやすく、視聴者から支持される時代の風潮の方が私はより危険だと思います。

ＤａｉＧｏさん一人がどうこうよりも、この風潮自体を問題視するべきだなと私は考えているのです。それに、実は私たちもホームレスを差別してますよね。やっぱりそばに寄ってきてもらいたくない、電車の中でホームレスの人が隣の席に座ったら、夏の暑さだと臭い体に耐え切れないと思います。見るからにしてホームレスのような人が銭湯に入ってきたらどうですか。自分が裸になって体を洗う時にホームレスの人が同じように入浴してもらいたくないと思います。

それと同じようなことが去年の台風災害の時に起きました。体育館の避難所にホームレスが入るのを排除したことが問題になりました。だから私がＤａｉＧｏさんが話したことを批判するからといって、私が完全無欠でイノセントな人間ではない、ということですよ。差別を語る時に、「差別する最初の人間は自分である」という自覚を常にもつようにしています。

だとしても今回の発言は違いますね。ＤａｉＧｏさんは、ホームレスは犯罪予備軍だと捉えられかねないことも述べていますけれども、そんなことはありません。むしろ犯罪の対象や被害者にされている事実があるのです。

「もやい」というホームレスの支援をしている団体の人たちがホームレスの調査をしました。ホームレス三七四名と面談するというのはすごい労力だったと思います、調査対象の四割が暴力を受けているという結果でした。暴力・加害行為をする人の四割近くが若者と子どもだったという結果も出ています。昨年、岐阜県で八一歳のホームレス男性が五人の若者に殴られて殺害された痛ましい事件がありました。

〈※筆者注　二〇二〇年三月二五日、空き缶拾いなどで生計をたて二〇年ほ

どテント生活を送り、昼は図書館で本を読んでいた八一歳の男性が若者五人に殺される事件が起きた。〉

そして同じ一一月、東京渋谷区のバス停に座っていた六〇代の女性が通りがかりの男性に頭を殴られて死亡してしまいました。この女性は派遣だったそうです。スーパーの試食販売員をしていたのです。スーパーの中で鉄板でソーセージ焼いて爪楊枝立て、どうですか、召し上がりませんか、と呼びかけている人をよく見かけませんか。あのような仕事をする人たちは同じスーパーにずっといるわけじゃないんですよ。

この商品をこのスーパーに行って売ってくださいと、単発の仕事が多いのです。そうするといろんな理由でドタキャンをされることもある。とても不安定な雇用のお仕事なんです。ですからもうアパートも借りることもできなくなり、ホームレスになった挙句《あげく》の事件でした。

その女性の人生を振り返ると、劇団に入って女優をしてみたり、いろいろ自分のやりたいことを模索しながら、その時その時を必死になって生きてきたわけです。六〇代の派遣女性というと私もそうですよ。約一七年勤めた派遣元会社から一方的に雇い止めを受けて、それからバイトを転々としてきました。その中でたまたま、れいわ新選組という国政政党の候補者にさせていただくことができたんです。けれども、この女性と私のもともとの生活状況はとても似ています。ですから私にとっては、本当に印象深く痛ましい事件です。

居場所がない人々

ホームレスを経験した私が、ホームレスって何だろうとあらためて考えてみました。五年間の経験の中で、もちろん住むところがないからホームレスなのですが、自分が何か特別なことをしなくてもずっと安心で安全でいられる場所がないのがホームレスなんですね。

人間は誰しも生きている限り必ずどこかに居場所がなくてはなりません。

まずは物理的な住まいです。ホームレスのとき、本当にやろうと思ってできなかったことがあります。それは、濡れてない段ボールを下に敷き、雨が降ってても直接濡れなくてもいい所で寝起きすることでした。みなさんがよく街で見かけるホームレスにすらなれなかったんです。濡れた段ボールしか見かけず、みんなは、あのきれいな段ボールをどこから調達してくるんだろう、と。

道路の高架下はホームレスにとっては非常にありがたい場所ですが、そこに行くとホームレスの先輩たちがすでに自分の場所を確保して寝ているわけです。大きい駐車場の車止めに腰を下ろして膝を抱えて眠るしか、睡眠を取れなかったことが何度もあります。隅田川沿いに青いビニールシートで囲って小屋を作り、拾ってきた炊飯器とかテレビを、何とかして電気も調達して生活をしているホームレスの人たちがいるのが当時話題になりました。半分冗談で言うんですけど、私あれも羨ましくてしょうがないですね、当時の私にとってはもう大豪邸です。一口にホームレスって言ってもランクがあって私は最下層でした。

そういう状況を五年間経験してしまいましたが、ホームレスには人間関係がありません。私たちは別として、家族もいません。ですから自分という人間を認知してくれる自分以外の人間が存在しない。ホームレスの人が一人でノロノロと歩きながら何か独り言を呟いていたり、誰かと喋ってるんじゃないかと思わせる光景をみなさん見かけたことございませんか。友達も話し相手もいないんだけれども、あたかもいるように一人で会話をしているんです。やはり人間というのは一人では生きていけない存在なのだと、図らずもああいう仕草をするホームレスの方から私は感じるんです。

そのような人たちが亡くなっても、名前も知られないまま身元不明の形で葬られるだけの存在になってしまうのです。物理的、環境的に厳しいことに加え、自分という人間を認知してもらえない。私だったら、渡辺てる子という人間だと誰も知らないということなんですね。全てなくしたのがホームレスだと考えていただければと思います。

でもね、安心安全に過ごせる場所、つまり住まいがないと人間は生きていけません。生存権の問題を一番問われるのがホームレスだと思います。

食べ物を買うお金くれませんか——新宿の街で

政策関係で言うと、日本の住宅政策は貧困です。コロナ不況に巻き込まれて困窮している方も多い。仕事があって毎月一定額の給料が入ることを前提にローンを組みますけれど、その給料が減ったりなくなったりしてローン破綻をきたす人が、コロナ禍で急増しています。せっかくローンを組んで三五年払えば自分のものになると思っていた我が家を手放す方も少なくない状況になっています。

実際、私はこういう経験がありました。昨年（二〇二〇年）のはじめ頃、コロナの感染第一号が日本で出て、大変だ大変だと騒ぎ始めたころだったと記憶しています。今（二一年八月二一日）よりももっとコロナ禍の緊迫感があったときです。

止むに止まれぬ家の用事があって新宿に出かけたのですが、人は少ないとはいえやはり新宿ですから、ある程度人は通行していました。私より一〇歳ぐらい、いやもっと若かったのかもしれない女性が、荷物を両手に持ち、いきなり私に話しかけてきたんです。
「ねぇお姉さん、コンビニでちょっとご飯食べられるぐらいのお金くれませんか」

驚きましたね。いきなりそう言われることは、さすがになかったものですから。その人は、私に話しかける前にきっと何人もの人に声をかけたのだと思います。ものすごく勇気が必要だったでしょう。自分のプライドを捨てなければならないほど追い込まれていたんだと感じました。

その時いろいろ状況を聞いて、手持ちもそんなになかったものですから、コンビニでこれぐらいだったら買えるかなぐらいのお金を渡しました。日本も、いよいよそういう時代になってきたわけです。

自宅が新宿区内なものですから新宿へはよく行きますが、新宿駅西口の小田急ハルクへ通じる横断歩道橋みたいな周辺に何人か座っています。そういう人たちがいても、いないふりして、みんな見てませんよね。一瞥《いちべつ》もくれず完全無視ですよね。むしろ差別すらしないのが今の日本の状況ではないでしょうか。

みなさんにお願いですけれども、いつも同じ場所にいるとは限りませんが、『ビッグイシュー』という雑誌を掲げて路上で売っている方々がいらっしゃいますね。あの方たちは、何とか働いて収入を得てホームレス生活から抜け出したいという方々なんです。『ビッグイシュー』は読みやすい雑誌だし、ポール・マッカートニーとか世界の一流の人たちがあの表紙を飾っています。すごく良い雑誌だと思うんです。今値上げしちゃって四五〇円ですけれど、そのうち二三〇円が、街角に立って売っているホームレスの方々の手元に残ります。

『ビッグイシュー』を売っているホームレスの方のツイッターを見ると、「もう何日もたっているのに一冊も売れない、心が折れそうだ」という内容も見かけました。あの方々を見かけると、よほど急いでない限り必ず一声お声をかけて「暑いけど頑張ってくださいね、いつもありがとう」と私は買わせていただいていています。

私もホームレスの時に、知らない人からささやかな言葉で救われて、なんとか生き延びて来たこともありますから、本当にささやかなことでもしたら違うのかなって思ってるんです。ホームレスは、私たちの身近にいます。ただ私たちは、彼らがいるのに見ないだけなんだということをみなさんにはご理解いただきたいなと思っています。

第四章

現実を直視した後に希望が見える

事務所近くで

自分自身のホームレス体験や長年の非正規労働の経験をもとにメンタリストＤａｉＧｏの差別発言の意味を問うた渡辺てる子は、講演の後半では、差別発言を一定程度支持する人々のメンタリティや社会情勢に重点をおいて言及した。続けて講演録を紹介する。

【講演続き】

一九九〇年代後半から始まった排除アート

みなさん、こういうベンチをときどき見かけませんか。真ん中に肘掛のようなものが設置されているベンチです。いま私は、立候補予定者として自分の顔写真が印刷されたポスターを貼っていただくために、いろいろな御宅を訪ねてポスター掲示をお願いして歩きます。さすがに疲れて小休止したいときも多いです。ひどく暑い日に、木陰で少し休みたいと、住宅街の中の小さな公園のベンチに腰を下ろそうかなと探したのがこれでした。

真ん中に手すりというか肘掛けがありますが、ベンチ自体はかなりボロボロですけれども真ん中の肘掛けだけはやけに新しいのが不自然でした。これは意地悪な作りですよね。こういうのを「排除アート」と呼ぶそうです。ホームレスの人が横になれません。肘かけの中に体をくぐらせて眠れますなどと言う人がいますが、見るとわかりますが寝られませんよ。それを計算の上でこの高さにしているわけですから。

地域住民の要請もあるし、子どもたちが怖がるのでこれは正当な措置だと私に反論してくる人もいます。これには流れがあり、他者への不寛容とセキュリティ意識の増大に伴い、一九九〇年代後半から、監視カメラ普及と並行しながら排除アートが出現してきました。ハイテク監視カメラと肘掛け付きベンチというローテクで物理的な装置が合体している。今や当たり前の風景になっています。このことを指摘しているのが、建築史家の五十嵐太郎さんという方です。

荷物が重くちょっと腰を下ろしたい人、足が不自由な人、あるいは妊婦の人などもベンチで休みたいですよね。いま、やたら綺麗で清潔だけれども優しくない街になってしまっているんじゃないでしょうか。そういうのがダメだと言わないと、どんどん私たちは自分たちで自分たちの暮らしを生きにくくしているのではないかと思います。ホームレス問題を考えることは、人権と生きる本質、人間の尊厳を考えることだと私は思います。

そのようなことを知らず、あるいは考えないゆえに、たくさんフォロワーがいるＤａｉＧｏさんがあのような発言をしてしまった。社会的弱者をためらいなく差別排除している。建築史家の五十嵐太郎さんが指摘していることですが、自分たちの街にふさわしくないものを排除して異質な人々が入ってこないようにする風潮があります。このような「浄化」は、一九九〇年代後半から東京で大きな影響が出始めたといいます。

矛盾に満ちた現状を無批判に容認

ＤａｉＧｏさんは、この昨今の時代の情勢を無批判になぞっただけのように見えます。彼は別のところで言っていますが、自分はたくさん本を読んでいろんなことをしている。それでクリティカルシンキングが必要だ、と。クリティカルとは批判的ということ。何でも鵜呑みにしないで自分の頭で考えて事の良し悪しを考えたり認識することです。

だとしたら彼は言ってることとやってることが違いますね。クリティカルでも何でもない。矛盾を抱えた現状を無批判に容認しているにすぎません。こういう時代を「インフルエンサーはいてもイデオローグ不在の時代」と私はとらえています。インフルエンサーとは、文字通り多くの人々に影響を与える人だということですよね。ユーチューブ番組やツイッターのフォロワーが多い人が相当し、こうした世界でカリスマ的存在の人が出現しています。でも、イデオローグはいませんね。

イデオローグに関しては、学問的にはいろいろな定義や捉え方があり、ときには観念的だと批判されることもあるでしょう。しかし、現状を追認するのではなくて、理想を掲げてみんな未だに気づいてないけれども、これだ！　ここだ！　というように導くというか、一緒に高みに行きましょう、成長しましょうって言うのが、本当のイデオローグのはずだと私は思っています。そういう人たちがいない時代なんじゃないかと強く思います。

現状として私はこうかなと思うんですよ。差別や偏見を毅然と悪いと判断できず、断罪できずに話していくと、知らず知らずのうちに加害者になりかねません。そして差別や偏見を主張する言説を異常に擁護する風潮が日本にはあると思います。その中にインフルエンサーがいるのではないでしょうか。

本来は差別的発言・言動に対して断固たる措置を取るべきであり、差別した者自身の社会的な存在をなきものにするのではありません。それなのに両者を混同している。そのことにより、差別を糾弾する正当な行為を〝吊し上げ〟だと矮小化するのが今時のインフルエンサーだというふうに思います。

ＤａｉＧｏさんの差別発言はおかしいけれど、ＤａｉＧｏさんの存在そのものを否定したりなきものにしようと私は思いません。ＤａｉＧｏさんの発言を聞くと、ホームレスの存在自体をなきものにするかのようです。でも、そんなＤａｉＧｏさんの存在も私は大事にします。どんな差別する人でも、その人の存在は尊重します。ここが違うんですよね。

ところが、差別的言動を批判し断罪することを吊し上げだと逆に批判し、痛いことを痛いと言ってる人たちを追い込む。差別された側が被害者なのに、彼らを加害者だと言うことが、一番問題でひどいと私は思っています。このまことしやかな欺瞞《ぎまん》、あるいは詭弁《きべん》でしかない言説に消して惑わされてはいけません。

DaiGoファンの心のうち　成功者と自己一体化

それから、DaiGoさんを強く支持するファンの人たちのことも考えなければならないと思います。彼のファンの多くは若い人たち。そのメンタリティが、今回図らずも炙《あぶ》り出されたのではないでしょうか。自己責任を内面化してしまったわけですよ。

私は派遣労働の問題、ワーキングプアの問題、それから自分がそうだからシングルマザーの問題を、個人の問題というより社会的な問題だという思いを常々抱いています。けれどもそこで必ず言われるのは、「あなたをシングルマザーにするような男を選んだあなたが悪いんでしょう」と。これも被害者と加害者のすり替えですよね。この言説が大手を振って世論としてはびこっています。

非正規労働者を含むワーキングプアの人たちに対しては、そんな会社に勤めたのが悪い、そんな会社だとわかって勤めているんだから文句を言うな。それから、非正規にしかなれないのは、あなたの努力が足りなかったからだろう。この三つですね。これがとても多いです。

自分が受けた理不尽な扱いは、全部自分のせいだ、お前のせいだと言っているのです。これが「自己責任論」ですが、問題は今の若い人の多くが「そうだその通りだ、全部自分が悪いんだ」というふうに思わされてしまっていることです。だからこそ今でもブラック企業はなくなりません。最低賃金は低いままだし、自民党がいつまでも政権握っていられるんじゃないでしょうかね。

政治や社会を変えましょうとみなさんおっしゃいますけれど、その政治は人間が作っていますから、一人ひとりの意識をいかに変えるかが、社会を改革する一つの大きな鍵になると思うんです。ですから、自己責任論は、私にとっては天敵です。

自己責任論に影響される若い人たちのメンタリティが私にはこう見えます。お金を儲けた者、成功した者の言動に賛同することで自分を一体化させて自己万能感、自己肥大感に浸る。そういう人の特徴は、成功者の失敗には非常に優しいですが、社会的要因つまり自己責任でない原因で敗者となった人間には厳しいこと。勝者にやさしく敗者に厳しくというのは、本当に守るべきものは何なのか、誰なのかを完全に見誤っています。

若い人が昨今の新自由主義社会の価値観しか知らない世代なので、あるいは仕方のないことなのかもしれません。先ほど述べた排除アートが現れ始めたのは一九九〇年代後半からでした。そうすると今のだいたい二〇歳後半より下の人は、生まれた時からそういう時代だったのです。

〈※筆者注　たしかに一九九〇年代半ば以降、日本の雇用形態が変わるにつれて新自由主義的価値観が席巻するようになった。一九九五年五月に当時の日経連が『新時代の「日本的経営」――挑戦すべき方向とその具体策』なる報告書を発表して、一気に不安定雇用が拡大することになった。長期蓄積能力活用型、高度専門能力活用型、雇用柔軟型の三タイプの雇用を組み合わせた効果的な雇用を提言しているからだ。従来の年功的定期昇給制度の見直しも主張し、成果主義型賃金が拡大するきっかけにもなったのである。

そうなると当然、「雇用柔軟型」が増える。つまり不安定雇用化と格差社会に向かって当時の日経連と政府は舵を切ったのである。そのためには労働者を守る法律をどんどん骨抜きにし、不安定化を合法化する必要があった。

その一つが労働者派遣法の改悪につぐ改悪だ。同法は一九八六年に施行され、最初の大幅改定が、まさに日経連が「新時代の日本的経営」を発表した翌一九九六年である。このときに一部の専門職に限定していた派遣労働を二六業務に拡大した。その後も何度も改正という名の改悪を強行したが、二〇〇四年には、禁止されていた製造業にまで派遣を拡大したことは、派遣労働者を激増させることとなった。

こうして非正規労働者が増大し、自己責任論が台頭し、まさに排除アートに象徴される「勝者の失敗に甘く敗者に厳しい」新自由主義的発想がウイルスのように拡大した四半世紀だといえるだろう。〉

若者には自民党を支持する傾向があると思いますけれども、理由を聞くと特別ないけど物心ついたときから自民党しか知らない、安倍さんしか知らない、というような人もいるんですね。若者ばかりを批判するのもなんですよね、古代遺跡に「今どきの若い者は……」というような文字が発見されているくらいですから。親父が居酒屋で文句言ってるのと同じだなあと自分で思いながらいま話しています。

自己啓発本ばかり売れる社会の病巣

ＤａｉＧｏさんと同じで私もめちゃめちゃ本が好きで、本に囲まれたＤａ

iGoさんのあの部屋以上に本があるんです。ただ、DaiGoさんのように綺麗な本棚には並んでいなくて、本棚に入りきらない本が床から天井に向かって積み上げられているんですけど……。だから本が読まれないのがすごく悲しいんですよ。

その一方で、自己啓発本ばかり売れる状況があります。自己啓発本を好んで読む人たちの傾向として、具体的に何かをしたいとか習得したいというのでなく、とにかく成功したいとかビックになりたいという欲望がある。そういう傾向のある人たちが自己啓発本に飛びつくのではないかなと私は見ています。

それは（自己啓発やサクセスものビジネスセミナーなどに影響される若者は）、大人社会の反映のように私には見えます。若者は、実は社会の鏡なんですよね。年配者や大人以上にフィルターなしに社会の風潮を全身で受け止めてしまっているんですよ。汗水たらして働くことの尊さをなくした昨今の社会が、DaiGoさんというメンタリストを生んだのではないでしょうか。

彼は自分でこう言っています。「ボクはおかしいですよ、就職したこともないし、ただ本を読んで好きなこと言ってるだけですから」と。

この発言には、いくつかのメタメッセージ（表現されたメッセージの裏にある隠されたメッセージ）があると思いますね。まず自分はおかしいと、自分で自分のハードル下げて、おかしいんだから変なこと言ってもしょうがないでしょ？ と免罪符を作っている。免罪符を得るためハードルを下げることと、自分は他の人間と違うことをやって成功していることも主張しているわけですよ。

一方で多くの若い人は、例えば介護の仕事をしています。介護の仕事は本当に大変で、にも関わらず他の業界に比べて年収は大幅に低いのです。さらに介護する相手の高齢者が認知症だとすると、いろいろなパワハラを受ける場合もあります。言葉の暴力、それから身体的な暴力を受ける場合もあります。

言葉の暴力だったら、たとえば男性介護者だとすると、要介護者の人に「男のくせにこんな情けない仕事しかできないのか。こんなんじゃ女房子どもを養っていけないだろう」というふうに言われることがあります。介護だから身体接触をしなければなりませんが、叩かれたりつねられたり唾を吐きかけられ暴言を吐かれることだってあります。それでも反撃できるわけないじゃないですか。そういう中で実際に体も痛めてますね、腰痛の方がとても多いです。

もう一つ介護の問題で大変なのが、仕事そのものが「感情労働」であることです。どんなことを言われても絶対にイヤと言えない、反撃できない、我慢しなきゃいけない。それどころかむしろ笑顔で対応しなければいけない感情労働なのです。

このような苦労をして働く介護士、保育士、看護師などをエッセンシャルワーカーと言います。エッセンシャルとは、本質的なとか不可欠のという意味ですね。彼らのようなエッセンシャルワーカーがいなければ生きていけない人たちもまた多いのです。そして彼らがいなければ社会は回って行きません。

ＤａｉＧｏさんが動画を出さなくも、私は全然困りませんけれども、介護士のようなエッセンシャルワーカーの方がいらっしゃらなかったら私は今こうやって活動させていただくことはできません。私の母は今年で九二歳になりました。割と最近まで私一人が自宅で母の面倒を見ていたんですが、認知症がひどくなりまして、とうとうそれが難しくなりました。おかげさまで、なんとか特別養護老人ホームに入所させていただくことができました。ホームでは、コロナ対策でもう非常に神経使っておられると思います。

そういう方々のおかげで、いま母は元気で特別養護老人ホームで生活をしております。そういう人たちは仕事だから当たり前だとは思っていません。仕事以上のことをしてもらっていますよ。そういう人たちが辞めたと言ったら、いまの私の生活は成り立ちません。母もどうなるかわからない。そういう人たちがエッセンシャルワーカーなんですよね。

社会性がなく「自分だけ」の自己啓発本

そのエッシェンシャルワーカーの人たちの賃金や待遇があまりにもひどすぎるし、社会的評価も低すぎる。その状況を変えて何とか改善しようと思うのではなく、「そんな仕事しかできない自分になりたくない。そんな仕事をしている人間は軽く、言葉だけで生活を成り立たせているＤａｉＧｏさんの方が偉い」というように若者に思わせてしまう社会的風潮が問題なのだと思います。

自己啓発本には、社会を良くするという視点がありません。自分だけがなんとか生き延びようとする価値観です。それだけ日本の状況が逼迫しているわけですが、自己啓発本はそういう危険なところがあるなと思います。その最たるものがＤａｉＧｏさんだと思います。自己啓発本ですら読まず動画だけで全て情報を取り入れて価値観を形成する人たちが多い中では、彼の存在感は決して軽くないと思います。

〈※筆者注　書店を訪ねれば、自己啓発やビジネス系の本が目立つ場所に置かれ、売れているようだ。一口に自己啓発本といってもビジネス書や実用書と区別もつかないものもあり、いくつかのパターンがある。

たとえば事業を成功させた実業家が人生訓のようなものを述べるタイプ。人生訓・処世訓を書いた日めくりカレンダーの単行本版だ。この種の本は昔からあった。一見、道徳性や精神性を重視しているかのようにも捉えられる。日本人の有名財界人が登場するものも多いが、それ以上に外国、とりわけアメリカで成功した人が述べる「成功術」が自己啓発本の柱のジャンルだろう。

また、かなり多くを占めるのは、どうしたら儲かるかという視点で書かれた本だ。副業のすすめや、本と連動してリアルもしくはインターネット上のビジネスセミナーに誘導するパターンも少なくない。関連してＩＴ系もある。儲ける手法に力点を置く自己啓発本やトレード関係の本では、不労所得のすばらしさを説き、労働所得を異様なほど蔑視する傾向がある。たしかに不労所得が得られるならそれもよかろう。だが、汗水たらして働くことを病的に軽んじる傾向が強く、著しくバランスを欠いている。

　心理学を応用して自己啓発を図るというジャンルも自己啓発本市場に占める割合が非常に高い。今回問題発言をしたメンタリストＤａｉＧｏも心理学の研究や論文を紹介したり、その関連書籍の紹介もしている。ちなみに彼の動画に多いのは、マーケティングに取り入れられている心理学・行動心理学などだ。

　このほかスピリチュアル系もいまだに健在である。この分野には、癒し系も含まれるだろう。心理学のある一部分を切り取るか、あるいは単純化して論ずる自己啓発本は、いわば心理学のいいとこ取り、といってもいいかもしれない。

　これらの本に共通するのは「自己」「自分」である、自分を変えることによりあらゆるものをコントロールできるかのようである。言い換えれば、悪い結果を出す原因は自分にあり、頑張ればよくなるということ。これらは自己責任論の裏返しともいえる。

　そして、成功者と自分が一体化したかのような錯覚をもたらすのが自己啓発本の特徴だ。しかし自分というものは、その人が生きている時代、世界や国や社会、家庭環境、地域社会、他人との関係など、外界と連動してはじめて成り立つ。

自己啓発というのなら、目の前の見たくない現実をも直視し、その葛藤から自己を磨くことだろう。それならば巷で流行っている自己啓発本などではなく、現実社会や政治、歴史のドキュメンタリーやノンフィクション、さまざまな分野の文学、映画や演劇、たまには哲学書を読むことの方がよほど役立つだろう。〉

誰でもがDaiGoに成り代わる危険性

問題点を指摘したりすると、分析はもうわかった。じゃあどうすればいいのかと必ず言われます。解決策、正解は何か、と。そういうことを早急に求めること自体が、知らず知らずにインフルエンサーの価値観を取り込んでしまっているのかもしれません。

いま何でも簡単に早くてコストをかけない形で成果が求められる社会になっています。会社に入社しても即戦力ってすぐ言われます。派遣なんか特にそうです。正社員のようにきちんとした研修や社内教育を受けさせてもらえないのに、何年も勤めている正社員と同じような事を求められるわけです。

そういう時代ですから、解決策は何かを早急に求めるよりも、まずは見たくない事実、目を背けたいであろう現実を直視して、自分を見つめる作業を丁寧にすることが必要なんじゃないかなと思います。ホームレスを生み出す社会的要因を複合的構造的に捉える思考法を習慣づけるということが必要ではないでしょうか。

冒頭述べましたように、自分の中にも差別感情があることを常に意識して自覚し、そういう自己検証を怠らないことが、最低限に必要なことではないかと考えます。こういう自覚がない限り、どんなに偉い人の話を聞こうが、どんなにたくさんの本を読もうが、どんなに知識を得ようが、油が水をはじくように自分のものにならないと私は思っています。条件が揃ってしまえば、今度のＤａｉＧｏさんのような言動をしてしまう危険性を自らはらんでいることを自覚しなきゃいけないと思います

その意味でＤａｉＧｏさんの今回の発言は、私たちにとっては最高の反面教師だったのではないでしょうか。今回のことはＤａｉＧｏさん一人の問題ではない。彼のような言説を受け入れている多くの人たちがいる状況こそが一番問題なのではないか。その状況を作ることに私も加担しているのではないか？　と考えるのが大切だと思います。

人を支配するような状況をつくると気持ちいいんですよ。自分の方が上に立つように思えるから、批判する自分の方が批判されるような人間よりも正しいと思うからマウントを取ります。だけどそれを一時の快感に思ってしまうと、今度は私たちがＤａｉＧｏさんに成り代わってしまうかもしれない。同時に、ホームレスになるのは、明日は我が身と思うことも必要かもしれません。

ウィークネス・フォビア（弱者嫌悪）という歪み

ウィークネス・フォビアという言葉があります。平たく表現すると「弱者嫌悪」です。これも今回の問題の背景にあるのではないですか。各界の落伍者・弱者を、愚かだから、その人がバカだから、至らないから、努力が足りないから、という感覚で、敗者や弱者を嫌悪することです。

なぜそう思ってしまうのか。自分の中にもそういう弱い部分や劣った部分があるのではないかと潜在的にみんなわかっているわけです。完全無欠な人間なんていませんからね。でも自分の中の弱さとか愚かさを直視したくないから、その裏返しとして窮地に陥っている弱者や失敗した人を見ると、イライラするんですよね。自分の中の弱さや愚かさを否定するために、弱者を否定して批判することで、自分はそういう人間じゃないんだと思い込みたいんじゃないですか。

もう一つ、ツイッターでこういうこと言ったんですけれども、ホームレスという名の人はいないんですよ。みんなそれぞれ固有の名前があって必ず誰か親に産んでもらって育ててもらった時期が必ずあるわけです。仕事もしていただろうし結婚もして家庭もあったかもしれない人がいますよ。年齢が上になると経験もさまざまで、一人ひとりの人生があり顔や名前があるんですよね。いろいろな事情があってその時にはホームレスになってしまった状態なわけですよ。

だから一人ひとりに顔や名前があり、そこに込められた人生や考えというものをちょっと想像するだけでも違うんじゃないか。差別や偏見は少しは薄らぐのではないかと私は思います。これといった特効薬があるわけではないし、特効薬を求めること自体が私は欺瞞《ぎまん》で役に立たないと思っています。

常に忘れてはいけないのは、自分の中にも差別感情はあること。それから自分の弱さを直視することが他の社会的弱者に対しても同じ人間なんだという思いに至らせることになるのではないでしょうか。私はホームレス経験をしましたが、ホームレス問題の専門家ではありません。ただ、みなさんと違って少しホームレスを経験した中で思ったこと、そしてそれ以降いろんな活動をさせていただいてきた中で本当に思ったり感じたことをお話しさせていただきました。

本日取り上げたテーマに関し、「ひどいよね、でも私は違う」で終わらせない一つのきっかけになればいいかと思います。ありがとうございました。

（講演終了）

おわりに
——声を上げられない人々の声・生き方・苦しみを聞きたい

れいわ新選組が結成記者会見を開く前日の二〇一九年四月九日。ちょうど日が落ちたころ、筆者は新宿駅東口にいた。ある人物と待ち合わせるために時間調整をしていたのである。そのとき、若者がガードレールに腰かけてスマホで話していた。

「いやあ、中学生のころから家に食べ物が全然なくて、腹が減ってほんとにものすごく苦しかった。本当に食べ物がないと苦しい……。いまネットで商売始めてなんとか食べてるけど……」

街路照明をとおして彼を見ると、まだ二〇歳にもなっていないのではないか。わずか数十秒の電話での会話を聞いて、彼がおかれてきた生活状況は推察できた。どんな家に育ったか、母子家庭なのか、それはわからないが苦しい生活を送ってきて、今はとりあえず飢えはしのげるまでにはなっている。ちょっとだけ安心した。

その直後、彼から一〇メートル離れたところで三〇代後半から四〇歳くらいに見える男性が、これまた携帯電話で会話をしていた。粗末なジャンパー姿で小さなリュックを背負っている。

「うん、いま仕事探してるから……なんとかするから……大丈夫」

失業者だった。

そのときからまる二年が過ぎ、庶民生活はさらに悪化している。だからこそ渡辺てる子は、声を上げたくても上げられない人たちのために、日々政治活動を続けている。そんな中で二〇二一年八月二九日、野党と市民をつなぐ市民連合主催による次期衆院選挙の野党立候補予定者たちが集まり、池袋駅頭で合同街頭演説会が行われた。

てる子は、いつものようにマイクを握った。

いま日本は、「安かろうよかろう」の国です。安いわりにこんなに良質なサービスをいつも供給できる。素晴らしいサービスを提供できるのはなぜか。私たちの賃金が非常に低いからなんです。一生けん命働いてもフルタイムで働いても、月三〇万、四〇万、五〇万普通にもらえる方、いったいどれほどいるでしょうか。

私どもれいわ新選組は一昨年から、全国一律最低賃金一五〇〇円の政府補償を主張しております。時給一五〇〇円は高いように思われますが、フルタイムの月収に換算すると二〇万円ちょっとです。この金額をもらう成人男子が家賃や光熱費を払って、可処分所得でようやっと憲法二五条で保障される健康的で文化的な生活が確約されるんです。つまり、人並みの仕事を、人並みの生活を保障するには一五〇〇円というのが当たり前なんです。支払えない零細事業主には、差額を国が補償するのです。この当たり前のことがまだ日本ではなされていません。

政治の一番の役割は、人々の生命と財産を安心安全に守ることなんです。これが最も損なわれているのが今の政治なんですよ。これを黙って見過ごすわけにはいきません。

いま日本では子どもの貧困がますますひどくなってますよね。七人に一人が貧困です。夏休みは学校給食がない。学校の給食を食べられない子どもは、夏休み明けに体重を減らし痩せて学校に戻ってくる。これが二〇二〇年代の日本の現実なんですよ。この現実を直視してそれを克服しないと、私たちは希望をかなえられません。何も問題ないところから、恵まれた人たちがお花畑みたいなことを言っている。それに何の説得力がありましょうか。

日本は貧困です。けれども貧困であることは決して恥ずかしいことじゃないんです。社会的な問題なのです。私たちを貧困にしている政府の失策、社会構造が問題なんです。ですから、貧困にあえいでいる人たちが恥じることなく声を上げ、その克服の先頭に立つべきなんです。

民主主義の主人公は、あなた方お一人おひとりです。永田町、霞が関の政治家・官僚に任して、これまでいいことがありましたか？　生活がどんどんよくなりましたか？

世の中を変えるのは、偉い人でもカリスマでもお金持ちでも政治家でも権力者でもありません。みなさんお一人おひとりなんです。一刻も早くこのことに気づいていただきたい。どんな人でも生きてきてよかったと感じ、何度でもやり直せる社会を築きたいんです。一部の人たちや一％のお金持ちが富める社会じゃない。九九％の人々、エッセンシャルワーカー、あるいは働きたくても働けない方々、障害をもった方々、そういった方々がこの日本に暮らしてよかったと思える社会をつくりたいんです。

私は一介のシングルマザー、元派遣労働者という本当に庶民。貧困のデパートといわれる社会的属性をもって挑戦をさせていただいております。これ以上のどん底はないというところまで私は行き着きました。ホームレスを五年やり、夫は失踪してしまいました。でも、そのどん底から這い上がったからこそ見えてきた世界があります。社会問題に気づくことができました。

いまこうしている間にも苦しんでいる方々がいっぱいいらっしゃるんじゃないでしょうか。偉い人の大きな声にかき消されて、声を上げたくても上げられない方々、そういった方々の声を、生き方を、苦しみを知りたいんですよ。どうか聞かせてください。みなさんの苦しい状況が、想いが叫びが、私たちの怒りのパワーになりますから。主人公はあなた方です。

本稿を書いている二〇二一年秋、私たちの暮らしや人生、そして日本がどうなるか先のことはわからない。だがはっきりしていることがある。それは、渡辺てる子が後戻りしないことだ。後ろを振り返っても、彼女にはすでに戻る場所はない。退路を断っているからである。

演説するてる子

著者略歴

林 克明（ハヤシ・マサアキ）

ジャーナリスト。業界誌、週刊誌記者を経てフリーに。チェチェン戦争のルポ『カフカスの小さな国』で第３回小学館ノンフィクション賞優秀賞、『ジャーナリストの誕生』で第９回週刊金曜日ルポルタージュ大賞受賞。他に『ブラック大学　早稲田』『不当逮捕——築地警察交通取締りの罠』（ともに同時代社）、共著に『トヨタの闇』（ビジネス社・ちくま文庫）、『秘密保護法　社会はどう変わるのか』（集英社新書）など。最近は労働問題、国賠訴訟、大学内身分差別などを取材している。

フェイスブック「林克明」
ツイッター「林克明@hayashimasaaki」
YouTube「林克明ジャーナリスト」

渡辺てる子の放浪記
——もう悔しくて悲しくて、怒ってんだ私は！

2021年11月1日　　初版第1刷発行

著　者	林　克明
発行者	川上　隆
発行所	株式会社同時代社 〒101-0065　東京都千代田区西神田2-7-6 電話　03(3261)3149　FAX　03(3261)3237
組　版	いりす
装　幀	クリエイティブ・コンセプト
印　刷	中央精版印刷株式会社

ISBN978-4-88683-909-1